6€

dtv

W0231857

portrait

Herausgegeben von Martin Sulzer-Reichel

Werner Sudendorf, geboren 1950 in Cloppenburg, Verlags-
buchhändler, Studium der Theaterwissenschaft, Publizistik
und Philosophie, Leiter der Sammlungen des Filmmuseums
Berlin. Veröffentlichungen: *S. M. Eisenstein. Materialien zu
Leben und Werk,* München 1975; Als Herausgeber: *Marlene
Dietrich. Dokumente/Essays/Filme.* Zwei Bände, München 1977,
1978; Mit Wolfgang Jacobsen und Hans Helmut Prinzler:
Kino. Movie. Cinema. Berlin 1995; Mit Wolfgang Jacobsen:
Metropolis. Ein filmisches Laboratorium der modernen Architektur.
Stuttgart/London 2000; Mit Wolfgang Jacobsen und Hans
Helmut Prinzler: *Filmmuseum Berlin.* Berlin 2000. Zahlreiche
Veröffentlichungen zur deutschen Filmgeschichte in
verschiedenen Publikationen.

Marlene Dietrich

von Werner Sudendorf

Deutscher Taschenbuch Verlag

Weitere in der Reihe **dtv portrait** erschienene Titel
am Ende des Bandes

*Gewidmet den Damen
der Marlene Dietrich Collection Berlin*

Originalausgabe
Oktober 2001
© Deutscher Taschenbuch Verlag GmbH & Co. KG, München
www.dtv.de
Das Werk ist urheberrechtlich geschützt.
Sämtliche, auch auszugsweise Verwertungen bleiben vorbehalten.
Umschlagkonzept: Balk & Brumshagen
Umschlagfoto: © Cinetext, Frankfurt / Main
Satz und Layout: Agents – Producers – Editors, Overath
Druck und Bindung: APPL, Wemding
Gedruckt auf säurefreiem, chlorfrei gebleichtem Papier
Printed in Germany   ISBN 3-423-31053-7

Inhalt

1 Marlene Dietrich 1928

Vorwort

Es gab nur eines, was Marlene Dietrich mehr haßte als Biographien: Das waren die Biographen. Interviews zu ihrem Lebensweg, zu ihren Rollen, ihren Beziehungen zu Männern wie zu Frauen gab sie nur widerwillig und wenn, dann gegen ein hohes Honorar. Ihre Antworten fielen durchweg einsilbig und eigensinnig aus. »Mein Leben geht mich einen Dreck an«, fuhr sie Maximilian Schell in seinem 1982/1983 gedrehten Dokumentarfilm ›Marlene‹ an; das war nach ihren Kriterien noch eine höfliche Form der Zurechtweisung.

Weil sie Geld brauchte, schrieb sie ihre Autobiographie, »dieses schreckliche Buch«. Auch darin gelang es ihr auf bemerkenswerte Weise, die Neugier nach sensationellen Enthüllungen oder nach ihrer Lebensgeschichte zu unterlaufen. Das Werk war dem Verleger zu kurz geraten, und so erfand Marlene das Kapitel »Fragen und Antworten«.

Wenn Marlene Dietrich erfuhr, daß eine Biographie über sie geschrieben wurde, versuchte sie über Anwälte, Agenten und Beziehungen, das Buch zu verhindern. Selbstredend verweigerte sie jede Zusammenarbeit, um sich später dann darüber zu beklagen, daß man sie überhaupt nicht kontaktiert habe.

Ihre Karriere bis zum ›Blauen Engel‹? – Uninteressant.

Ihre Filme mit dem Regisseur Josef von Sternberg? – Sie tat, was er ihr sagte.

Frage: Was ärgert Sie am meisten?
Antwort: All die Leute, die ein Geschäft daraus machen, ihre Nase in das Leben berühmter Leute zu stecken, in ihre Lebensgewohnheiten, ihre Lieben, Neigungen und Abneigungen. Ich finde, dieser Beruf widerspricht allen moralischen Begriffen; solche Spürhunde können einen zum Wahnsinn treiben.
Marlene Dietrich: ›Nehmt nur mein Leben … Reflexionen‹, München 1979

Ihre Freunde und Liebhaber? Es gab nur drei: Josef von Sternberg, Orson Welles und Burt Bacharach. Diese Männer waren interessant, aber natürlich keine Liebhaber.

Erotik? Sie wußte gar nicht, was das war.

Ihre Schwester? Gab es nicht.

Teilweise bis in ihren Nachlaß hinein hat Marlene Dietrich sich der Erforschung ihres Lebens verweigert. Kostüme sind mißverständlich beschriftet und in Briefen und Telegrammen sind die Namen der Freunde mit Pseudonymen verschlüsselt. Niemand sollte etwas über die private Marlene Dietrich erfahren, von ihrem Leben und ihrer Karriere profitieren. Ihre Filme, ihre Shows, ihre Songs und eine Unzahl von Fotos – das allein sollte von ihr bleiben und für sie sprechen.

Die konsequente Geheimniskrämerei, die unnachgiebige Verweigerung von Antworten hatte einen doppelten Effekt. Sie waren und sind bis heute Anlaß für die wildesten Spekulationen. Was hatte sie zu verbergen, warum nur antwortete sie nicht oder nur knapp auf Fragen, die viele interessierten? War sie Sternberg hörig (dreißiger Jahre), war sie eine Spionin für die Nazis oder für das FBI (vierziger Jahre), hatte sie die Deutschen verraten (fünfziger Jahre), war sie lesbisch, nymphomanisch, eine heimliche Sozialistin oder eine Vorkämpferin der Emanzipation, geistig verwirrt, bankrott, nicht zurechnungsfähig? Wie alt war sie eigentlich? Einzig gewiß war und bleibt bis heute: Sie stilisierte sich als Rätsel, als schwierig und unzugänglich. Für die Journalisten ist sie nach wie vor der ungelöste Fall. Und damit war der zweite Effekt erreicht. Sie bleibt

Marlene Dietrich gehörte zu meinen engsten Freunden. Wir hatten in unserem Haus immer ein Zimmer für sie frei. Ich erinnere mich noch, wie sie während einer Party bei mir auf einen Verehrer wartete, der sie zu einem anderen date abholen sollte, und ich sie während des Wartens bat, den Gästen doch die Geschichte ihrer Affären zu erzählen. Und sie schnitt auf, erzählte, wie sie mit vierzehn verführt wurde, mit sechzehn verführt hatte, wie sie Ehemänner untreu machte, wie sie Ehefrauen den Kopf verdrehte … Sie erzählte Affäre auf Affäre, alle hörten mit offenem Mund

für die Medien, die sich an dieser im Sinne des Wortes un-
faßbaren Person die Zähne ausbissen, immer aktuell.

Anders als Greta Garbo, die im Alter unerkannt in den
Straßen New Yorks flanieren wollte und dabei von den Fotografen selbstverständlich als alte Frau abgelichtet wurde,
ließ sich Marlene Dietrich im Alter von niemandem außerhalb ihrer Familie sehen oder gar fotografieren. Wieder
kreierte sie ein Geheimnis – und konservierte damit gleichzeitig das Bild unvergänglicher Schönheit und rätselhaf-
ten Charakters. Noch zu Lebzeiten wurde sie zu einem
Mythos erklärt; in der Regel erhalten Prominente nur dann
diesen Status, wenn sie eines gewaltsamen oder frühen
Todes sterben. Der Lebensraum der Mythen ist die Imagination, nicht das reale Leben. Marlene lebte in beiden
Ebenen und verstärkte die Imagination noch dadurch, daß
sie für die Öffentlichkeit weder tot war noch lebendig.

Wer sie aber nach dem Mythos fragte, der war nach ihrer Ansicht nur der Presse auf den Leim gegangen. »Mythos? – So'n Quatsch.«

Marlene Dietrichs Beruf war nicht der einer Schauspielerin, eines Showstars oder einer Sängerin. Wohl hatte sie
auf diesen Gebieten alles erreicht, was man erreichen
kann. Ihre wahre Profession aber war Marlene Dietrich
selbst: die Ikone, der Weltstar, der unvergleichliche Name, das Zeichen, das alles überstrahlte. Nach ihrem Ent-
decker, ihrem Schöpfer Josef von Sternberg, gab es nur
wenige Regisseure, die aus Marlene Dietrich eine drama-
turgisch sinnhafte Figur formen konnten. Orson Welles
und Billy Wilder gehörten zu dieser Klasse; alle anderen

zu. »Habe ich Ihnen meine Geschichte mit Claire Waldoff erzählt,
eine lesbische Liebe?« Dann Marlene: »Langweile ich Sie …?«
Wie aus einem Mund riefen alle: »Nein!«, und sie erzählte den
atemlos Lauschenden eine Affäre nach der anderen, bis ihr Verehrer kam und sie mit dem Cadillac abholte. Marlene sah wie eine
Nymphomanin aus und war doch in Wahrheit eher eine Hausfrau, Mutter und Krankenschwester, während wirkliche Nym-
phomaninnen höchstwahrscheinlich wie Hausfrauen aussehen.
›Billy Wilder. Eine Nahaufnahme von Helmuth Karasek‹, Hamburg 1992

aber hatten mehr oder weniger mit der Ikone Marlene Dietrich zu leben. Ob René Clair, Hitchcock, Ernst Lubitsch oder Fritz Lang – sie alle erwarteten eine Schauspielerin und bekamen Marlene Dietrich Incorporated. Der *suspense* eines Hitchcock-Films, die mörderische Kälte eines Fritz-Lang-Films, der Charme einer René-Clair-Inszenierung, ja selbst der Lubitsch-Touch – sie dämmerten dahin wie eine müde Ölfunzel angesichts des Glanzes, der Professionalität und des unerbittlichen Egos einer Marlene Dietrich. Waren auch die Filme keine großen Erfolge, so blieb doch die Ikone unangreifbar und unerreicht. Und mit der Vielzahl mittelmäßiger Filme, aus den wenigen Höhen und maßlosen Tiefen der Geschichte des 20. Jahrhunderts, wandelte sich das Bild der Schauspielerin zu einer Ikone der Moderne, die sich jeder Zeitspanne und jedem Medium als eine Projektionsfläche anbietet: ob als Lola Lola oder Shanghai Lily, als Frenchy oder Lili Marleen, als Glamour-Girl und Soldatin, Verſemte oder Siegerin. »Wollte Ihre Mutter ewig leben?« fragte der Filmregisseur Christian Bauer ihre Tochter Maria Riva bei der Übergabe des Nachlasses in Berlin. »Der Tod war nichts für die Dietrich«, antwortete die Tochter und sprach von ihrer Mutter in der dritten Person. »Wenn die ganze Welt Ihnen sagt, Sie sind eine Legende, eine lebende Legende, dann, nach einiger Zeit, glaubt man, daß man göttlich ist, daß die normalen Regeln der Welt überhaupt nichts mehr mit einem zu tun haben.«*

---

* Maria Riva in: ›Das zweite Leben der Marlene Dietrich‹. Deutschland 1994. Regie: Christian Bauer

Lena

Das 19. Jahrhundert galt schon in seinen fünfziger Jahren als das Zeitalter der großen Erfindungen. Die Eisenbahn, die Elektrizität, die Fotografie und der Telegraf waren entdeckt und entwickelt worden. Es gab Dampfschiffe zur Überwindung weiter Seerouten. 1870 präsentierte Thomas Alva Edison die erste elektrische Glühbirne, 30 Jahre später stand die Weltausstellung in Paris ganz im Zeichen der Elektrizität. Der Eiffelturm leuchtete. Es war eine Zeit des Fortschritts. Das Dunkle wurde hell, Fernes kam näher.

Und das Jahrhundert hatte mehr Entdeckungen zu bieten. Fünf Jahre vor der Jahrhundertwende zeigten die Gebrüder Lumière in Paris und die Gebrüder Skladanowsky in Berlin die ersten Filmaufnahmen. Im letzten Jahrzehnt des 19. Jahrhunderts fuhr das erste Auto, flog Otto Lilienthal in der Nähe von Berlin mit einem »Normal-Segelapparat« durch die Luft, ohne abzustürzen; im Dezember 1901 gelang die erste transatlantische Radio-Übertragung. Die Welt rückte zusammen, die Technik überwand Entfernungen und veränderte damit das Bild, das die Menschen voneinander und von der Welt hatten.

Zum Wechsel vom 19. in das 20. Jahrhundert veranstaltete die ›Berliner Morgenpost‹ eine Umfrage, in der unter anderem nach dem bedeutendsten Erfinder (Antwort: Edison) und der nützlichsten Erfindung (Eisenbahn) gefragt

1835/39 Erfindung der Fotografie (Daguerre und Talbot)
1869 Zelluloidherstellung (Hyatt)
1877 Reihenaufnahmen laufender Pferde (Muybridge); Praxinoskop (Reynaud); elektrischer Schnellseher (Anschütz)
1889 Kinetoskop (Edison)

1892 Kinematograph als französisches Patent angemeldet (Bouly)
1895 Vorführung ›Lebender Photographien‹ in Berlin (Max Skladanowsky; 1.11.); Filmvorführungen in Paris mit dem »Cinématographe« (Gebrüder Lumière; 28.12.)

wurde. Zum größten Staatsmann des Jahrhunderts kürte man Bismarck, der 1890 von Kaiser Wilhelm II. aus dem Amt entlassen worden war. 1871 hatte Bismarck mit dem Frieden von Versailles die Einheit des Deutschen Reiches vollendet, das deutsche Kaiserreich hatte sich eine Verfassung gegeben. Dem Frieden von Versailles war eine entscheidende Schlacht gegen die französische Armee vorangegangen. Am 2. September 1870 kapitulierte sie unter General MacMahon in Sedan, drei Monate später ergab sich Paris der deutschen Übermacht. Der 2. September war im Deutschen Reich fortan ein Feiertag, der Tag von Sedan.

In Schöneberg, einer eigenständigen Stadt nahe Berlin, wurde eine Straße nach dem historischen Ort benannt – die Sedanstraße. Hier, in der Nr. 53 (heute Leberstraße 65), kam am 27. Dezember 1901 Marie Magdalene Dietrich als zweites Kind des Polizeileutnants Louis Erich Otto Dietrich und seiner Frau Josefine, geborene Felsing, zur Welt. Die Familie, zu der auch die schon zwei Jahre früher geborene Tochter Elisabeth gehörte, wohnte in einer Mietwohnung im ersten Stock. Im Erdgeschoß befand sich das Polizeirevier Nr. 4, die Arbeitsstelle des Vaters.

Schöneberg war keine Großstadt, und von den bahnbrechenden Erfindungen, vom Einzug der Moderne, war hier fast nichts zu spüren; man führte ein eher geruhsames Leben und bewegte sich zwischen Molkereien und Gastwirtschaft.

2 Der Vater, Louis Erich Otto Dietrich

Der Vater Louis Erich trug bei der Hochzeit seine Sonntagsuniform. Uniformen gehörten zum Straßenbild, Uniformen bedeuteten Autorität. Das Eisenbahnbataillon hatte in der benachbarten Kolonnenstraße seinen zentralen Sitz; dazu gehörte ein Übungsplatz für das Militär.

Die Eisenbahner zogen 1900 nach China, weil dort während des Boxeraufstandes »die deutsche Flagge beleidigt und das deutsche Reich verhöhnt wurde«. Deutschland wollte sich mit dem Einsatz in China als eine imperiale Macht etablieren. Es ging, verborgen hinter der großspurigen Rhetorik Wilhelms II., darum, sich einen »Platz an der Sonne« der Imperialmächte zu sichern. Zur imperialen Macht gehörte nach dem Verständnis Wilhelms auch der Bau einer große Flotte – ein unsinniges Unternehmen. Die großen Erfindungen des 19. Jahrhunderts wurden leider nicht immer zum Segen der Menschen eingesetzt. Man fuhr jetzt per Eisenbahn zur See und in den Krieg.

Die Vorfahren von Marlene Dietrichs Vater waren als Hugenotten aus Frankreich vertrieben worden und hatten sich in Brandenburg unter den Schutz des Preußenkönigs Friedrich begeben. Man legte durchaus Wert auf die französische Herkunft, und eben deshalb hieß Marlenes Vater nicht Ludwig, sondern Louis. Wie seine vier Schwestern und drei Brüder kam er im brandenburgischen Schmargendorf, Kreis Angermünde, zur Welt. Aber anders als die Brüder legte er es nicht unbedingt darauf an, seinen Beruf allzu ernst zu nehmen. Bruder Christian war Förster geworden, Max ein respektabler Zeppelinkapitän und Hermann Dietrich als Mitglied des Preußischen Ab-

Da sind sie schon. Die Eisenbahner. Halli, halloh. Manche sitzen in Droschken, die im Zuge mitfahren. Manche marschieren im Zuge und haben links die Mutter, rechts die Braut. Mit schweigendem Ernst ziehen die braven Jungen vorüber, die sich ganz freiwillig für den heiligen Krieg in China gemeldet … Diese ganze Bevölkerung, die hier mitläuft, sie pfeift auf den Krieg in China … und kommt doch in eine frohe getragene Stimmung, wenn man die Eisenbahner vorüberziehen.
Alfred Kerr, ›Wo liegt Berlin? Briefe aus der Reichshauptstadt‹, 1900

3 Hermann Dietrich, seine Frau Ida und sein Bruder, der Zeppelinkäpitän Max Dietrich

geordnetenhauses und des Deutschen Reichstages, Vizepräsident der Nationalversammlung und Ehrenbürger der Stadt Prenzlau über die Grenzen Brandenburgs bekannt. Die Dietrichs waren konservativ, stockkonservativ – Hermann Dietrich gehörte der Deutschnationalen Volkspartei von Alfred Hugenberg an.

Die Mutter Marlene Dietrichs stammte aus der in Berlin wohlangesehenen Familie Conrad Felsing. Seit 1820 war der Uhren-, Luxus- und Moden-Bazar von Conrad Felsing eine bekannte Nobeladresse Unter den Linden. Ab 1901 führte ihr zwei Jahre älterer Bruder Willibald Albrecht Conrad, Onkel Willi genannt, das Geschäft.

Das Schaufenster der Firma, neben dem Hotel Adlon, ganz in der Nähe vom Brandenburger Tor, war weltbekannt und in jedem Baedeker als ein Wahrzeichen von Berlin zu finden. Eine Weltuhr pendelte langsam hin und her. Sie hatte neun Zifferblätter. In der Mitte das mit der Zeit von Berlin, um dieses herum acht kleinere, welche anzeigten, wie spät es zur gleichen Zeit in London, New York, San Francisco, Tokio, Bangkok, Karatchi, Teheran und Moskau war. *Hasso Conrad Felsing, ›Der ewige Ausländer‹, 2000*

Josefine Wilhemine Elisabeth Felsing und Louis Erich Otto Dietrich heirateten vermutlich 1898. Die erste Tochter Elisabeth Ottilie, Liesel gerufen, kam am 5. Februar 1900 zur Welt.

Die Familie Dietrich war nicht sehr seßhaft – bereits drei Jahre nach der Geburt Marie Magdalenes stand der erste Umzug an. Die Wohnung in der Sedanstraße war offenbar zu klein geworden, aber sehr viel nobler war die neue Wohnung auch nicht. Sie lag in der Kolonnenstraße, nur einen Steinwurf von der Sedanstraße entfernt, und der Wechsel vom ersten Stock ins Hochparterre machte nicht den Eindruck, als habe hier ein Karrieresprung stattgefunden. 1906 folgte ein weiterer Umzug, nunmehr in die etwas bessere Potsdamer Straße. Die Leistungen des Polizeileutnants Dietrich waren von seiner vorgesetzten Behörde 1903 als ausreichend eingestuft worden – eine schlechtere Benotung gab es nicht. Man darf annehmen, daß vom väterlichen wie auch mütterlichen Familienzweig finanzielle Unterstützung kam. Moralisch fühlte sich vor allem die väterliche Seite in der Pflicht. Louis erkrankte an einer damals unheilbaren Krankheit. Er mußte sich 1907 in einem Sanatorium im Berliner Westend behandeln lassen und zog mit Frau und Kindern in die nahe gelegene Akazienallee 48. Die Töchter genossen die neue Umgebung, die Wohnung mit Garten und Schaukel. Daß der Vater krank war, war

4 Louis Erich und Josefine Dietrich, geb. Felsing

allerdings auch für sie offensichtlich. Immer öfter kam der Arzt, immer öfter mußte er die Kinder beruhigen. Elisabeth und Lena, wie Marie Magdalene im Kreis der Familie genannt wurde, durften selbstverständlich nicht wissen, daß der Vater an Syphilis erkrankt war. Die sie umgebenden Heimlichkeiten, aber auch das betretene Schweigen der Erwachsenen machte ihnen angst. Die Mutter rief sie zu sich, kniete sich vor sie hin und ließ die Mädchen eine Art Stoßgebet sprechen: »Wenn ich bei meiner Mutter bin, dann kann mir nichts passieren.« Schließlich wurde der kranke Vater in Dr. Weilers Kuranstalten, ein Privatkrankenhaus für die besseren und besten Kreise, eingeliefert.

Am 5. August 1908 starb Louis Dietrich im Haus für Gemütskranke, Nußbaumallee 38. Seine Todesursache wurde aus verständlichen Gründen verheimlicht; der Presse erzählte man später, als Marlene Dietrich berühmt geworden war, der Vater sei vom Pferd gefallen und habe sich dabei unglücklich verletzt.

Marie Magdalene wurde im Frühjahr 1907 in die weit entfernte Auguste-Victoria-Schule in der Nürnberger Straße eingeschult. Mit dem Tod des Vaters zog die Witwe Dietrich, wie sie sich nun im Adreßbuch der Stadt Berlin nannte, in die Tauentzienstraße 13, zweiter Stock. Ganz in der Nähe war Lenas Schule. Ihren Vater, so Marlene Dietrich später, habe sie nur als eine schattenhafte Gestalt in Erinnerung.

Die junge Marie Magdalene war ein ausgesprochen hübsches Kind. »Die Männer«, so erinnert sich die Schwester Liesel in einer Notiz, »waren verrückt nach

Die Geschlechtskrankheit **Syphilis** verbreitete sich mit der zunehmenden Verstädterung zur Jahrhundertwende in allen Gesellschaftsschichten. Erst 1910 kam ein wirksames Mittel gegen die Krankheit auf den Markt.

Dir.« Lena hatte auffallende blonde Haare mit einem röt-
lichen Einschlag. Die älteren Männer nannten sie
»Goldchen« und sahen ihr heimlich hinterher, die jungen
taten es offen. Während einer Sommerfrische in Bad
Harzburg wohnte im
Nachbarhaus der Familie
Dietrich ein Arztehepaar
mit einem zwölfjährigen
Sohn. Nachsichtig konsta-
tierte die Mutter Josefine,
daß der Junge sich Hals
über Kopf in Lena verliebte. Sie tat es als harmlose
Schwärmerei ab. Außer
sich aber war sie, als die
Ehefrau des Arztes ihr
eröffnete: »Es fällt mir
schwer, Ihnen das zu sa-
gen, aber mein Mann ist
verrückt nach Ihrer Toch-
ter. Er wird ihr nachstel-
len.« Josefine Dietrich en-

gagierte eine Gouvernante, die die Tochter fortan nicht
aus den Augen ließ.

Der jungen Familie Dietrich ging es finanziell nicht
schlecht. »Wir hatten Geld.« (Marlene Dietrich) Im Sommer fuhr man in die Berge, an die Ostsee oder in eines
der Sommerhäuser der Verwandtschaft. Die Familie Felsing unterstützte die Witwe Dietrich und ihre Kinder
nach Kräften. Die Mutter Josefine war der entscheidende

5 Marlene Dietrich im Alter von
vier Jahren

Halt, der stärkste Einfluß, die maßgebliche Autorität im Leben der Töchter. Haltung, Treue, Pflichterfüllung und Liebe zur Pflicht, Respekt, Disziplin, Unnachgiebigkeit im Urteil, aber auch Nobilität des Herzens, Bescheidenheit und Toleranz waren die Grundwerte, die sie vermittelte. »Es war mir«, so Marlene Dietrich in ihren Memoiren, »zur zweiten Natur geworden, die Zügel festzuhalten.« Viele ihrer Mitarbeiter konnten später ein Lied davon singen.

Die Tageseinteilung war streng und fast schon militärisch: Von 8 bis 13 Uhr Schule, danach eine halbe Stunde Mittagessen, gefolgt von einer Stunde Schularbeiten. Danach zwei Stunden Unterricht bei verschiedenen Privatlehrern und nochmals zwei Stunden Schularbeiten. Von 19.30 bis 20 Uhr Abendessen und dann: Ab ins Bett.

Lena Dietrich hatte in ihrer Freizeit dreimal in der Woche orthopädisches Turnen, zweimal Klavier-, zweimal Geigen- und zweimal Gitarrenunterricht. Dazu kamen noch Französischstunden. Die Mutter hatte mit dieser strengen Tageseinteilung nicht nur die Ausbildung des Kindes im Sinn, sondern wollte sich auch vor Entdeckungen wie in Bad Harzburg bewahren.

Von den modernen Entwicklungen der Gesellschaft, vom Expressionismus in Kunst oder Literatur kam nichts ins Haus Dietrich. Dort herrschten Gehorsam und Zucht; die neuen Gedanken und Tendenzen dagegen galten als »unzüchtig«. Nicht umsonst nannte Marlene Dietrich ihre Mutter »einen guten General«. Noch mit 18 Jahren bekam die Tochter eine Backpfeife, weil sie zu spät nach Hause gekommen war, um das Autogramm eines umschwärmten Theaterstars zu bekommen. In späteren Jahren spielte sie

Tante Josefines Unterhaltung klang immer, als wenn sie im Befehlston ohne Widerrede gehalten würde. Mutter sagte, sie hätte eigentlich als ein Gardeoffizier zur Welt kommen sollen, und das nicht nur wegen ihrer Körpermaße.

Hasso Conrad Felsing, ›Der ewige Ausländer‹, 2000

die Erziehungsmethoden ihrer Mutter gegen neugierige Journalisten aus. Wenn ihr eine Frage nicht paßte – und ihr paßten die meisten Fragen nicht –, dann sagte sie: »Ich war doch bloß eine Schauspielerin. Und eine Deutsche. Ich tat, was man mir sagte. Wir Deutschen haben doch gelernt, zu gehorchen.« Niemand wagte nachzuhaken, warum sie auch in hohem Alter noch das artige Mädchen spielen mußte, das sie schon ewig nicht mehr war.

Mit elf Jahren änderte Marie Magadalene ihren Namen. Sie zog die beiden Vornamen zusammen und nannte sich nun Marlene – ein ungewöhnlicher Name, den sie vermutlich einer Erzählung von Johann Peter Hebel entnommen hatte. Niemand in ihrer näheren Umgebung konnte sich erinnern, diesen Namen je vorher gehört zu haben. In einem Schulheft übte sie die neue Unterschrift und gab

6 Schulfoto: Lena Dietrichs Klasse, ca. 1913: Oberste Reihe, ganz links: Marie Magdalene Dietrich

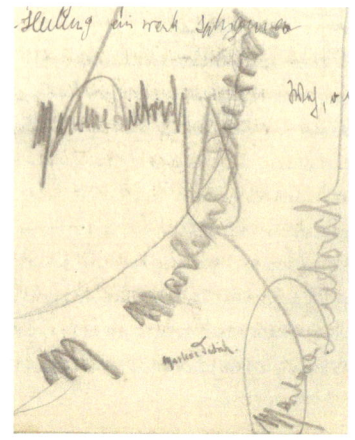

ihr einen unverwechselba-
ren Charakter. Dies ist
nicht nur ein Akt von
Neuschöpfung; damit ver-
bunden ist die Trennung
der Welt in Familie, innerhalb derer sie weiterhin
Lena genannt werden darf,
und Außenwelt, für die
sie jetzt Marlene Dietrich
heißt. Diese Trennung wird
sie ihr Leben lang beibe-
halten.

Noch vor dem Ersten
Weltkrieg lernte die Mutter
ihren zweiten Mann Eduard von Losch kennen. Von
Losch, am 20. Dezember 1875 in Dessau geboren, verband die Familie Dietrich/Felsing mit altem brandenburgischen Adel. Seine Mutter trug den stolzen Namen
Agnes Karoline Mathilde Alwine Louise von Trotha, seine zweite Schwester Agnes heiratete in die Familie von
Kleist, die zwei Jahre nach ihm geborene Schwester Vales-
ka, Tante Vally, ehelichte Otto Varnhagen. Man heiratete
hier nicht unter Stand.

Eduard von Losch war Kavallerieleutnant, ein Militär
aus Passion. Seine farbigen Schilderungen aus der Zeit
des Chinakrieges faszinierten die Töchter. 1914 zog die Familie wieder um, nunmehr in die Kaiserallee 219/20, eine
Parterrewohnung mit Garten. Und zu den Ausflügen in
die Ferienhäuser der Familie Felsing gesellten sich Fahr-

7 Seite aus Marlenes Schulheft
mit Unterschriftsübungen

Mein Name ist Marlene Dietrich – das ist kein Bühnen-
name, wie so oft geschrieben
wurde. Fragen Sie irgendeine
Schulfreundin von mir, sie
wird Ihnen das gleiche sagen.
›Nehmt nur mein Leben‹. 1979

ten nach Dessau und Umgebung. Grafen und Gräfinnen wurden ein farbiger und heißgeliebter Bestandteil des Lebens von Marlene Dietrich, und auch diese Umgebung schloß sie von sogenannten »neumodischen« Tendenzen ab. Als im Herbst 1914 der Erste Weltkrieg begann, da ist man im Hause Dietrich/von Losch sicher, daß der Kaiser und seine Truppen siegreich sein würden.

Ende August 1914, der Krieg war gerade wenige Tage alt, wurde Eduard von Losch durch einen Schrapnellschuß verwundet und kam zur Genesung ins Schloßlazarett Braunschweig; seine Frau und die Kinder verbrachten die gesamten vier Wochen seines Krankenurlaubs in einer Pension nahe dem Lazarett. Im Dezember 1914 fiel Otto Varnhagen, der Mann von Tante Vally. 1916 wurde Max Dietrich, der Zeppelinkapitän, über dem Ärmelkanal abgeschossen. Im Juni 1916 verweigerte Eduard von Losch, der im litauischen Miroslavo erneut verwundet wurde, eine Armamputation. Die Verwundung löste eine Blutvergiftung aus. Josefine erhielt auf dringende Bitten und unter Aufbietung aller Beziehungen eine Sondergenehmigung zur Reise an die litauische Front. Am 16. Juni 1916 starb Eduard von Losch in den Armen seiner Frau. In Dessau, seiner Heimatstadt, wurde er mit allen militärischen Ehren beigesetzt.

Marlene war nun 15 Jahre alt, und die Erinnerung an den Stiefvater, an dessen Abwesenheit sie sich offenbar be-

8 Marlenes Stiefvater Eduard von Losch (1875–1916)

reits gewöhnt hatte, verflüchtigte sich schnell. In ihren Memoiren hat Marlene Dietrich die bedrückende Zeit des Ersten Weltkriegs, die Entbehrungen, Sorgen und vor allem die Angst der Frauen um den Ehemann, den Bruder, den Sohn eindringlich geschildert. Sie beschreibt ihre Sehnsucht nach der Französischlehrerin Madame Breguard, die nach Beginn des Kriegs nicht mehr in der Schule erscheint. In Wirklichkeit war Madame Breguard auch vor dem Krieg nicht in Marlenes Schule, sondern gab ihr Privatunterricht. Die Kinder Dietrich hatten ein feines Gespür für Klassenunterschiede. Die Lehrerin war arm und eilte von einem Unterrichtstermin zum nächsten, um ihren Lebensunterhalt zu verdienen. Nachträglich stilisierte Marlene Dietrich sie zu ihrer engen, erwachsenen Freundin. Die »Welt ohne Männer« war Memoirenpoesie, sie spiegelte nur in äußerst bescheidenem Maße die innere Verfassung der Marlene Dietrich aus der Zeit des Ersten Weltkriegs. Das junge Mädchen hatte eine robuste Natur, sie wollte etwas vom Leben haben.

Die schulische Ausbildung, das strenge häusliche Reglement und die von der Mutter initiierten Privatstunden engten die heranwachsende junge Frau zunehmend ein. Tagtäglich mußte sie Pflichten erfüllen, in ihr aber brannte die Sehnsucht nach Liebe und Verliebtsein. Sie war nun bald am Ende ihrer Schulzeit und beherrschte alles, was man von einer großbürgerlichen jungen Dame erwartete. Nur eines kannte sie nicht: die Welt außerhalb ihres engen, konservativen Kreises aus Adel und Großbürgertum. Marlene Dietrich lebte in einer Welt aus Plüsch, mit Vorstellungen von Liebe und Ehe, die aus der ›Gartenlaube‹

Nun sind alle tot. Heute wird Vatl beerdigt. Heute früh waren wir nicht in der Schule, sondern auf dem Ehrenfriedhof bei Vatl. Sein Grab wurde gerade gegraben. Hier ists furchtbar langweilig. Die Mädels sind ganz nett. Der einzige nette Schüler auf dem Bummel ist Schmidt.

Tagebuch, Dessau, undatierter Eintrag

stammten; politisch war sie gänzlich uninteressiert. Ihre literarische Bildung war, um es freundlich auszudrücken, durchschnittlich. Die Freizeitlektüre bestand aus Karl May, Peter Rosegger oder Wilhelm Lobsiens ›Heilige Not‹, das den Untertitel »Bilder aus Deutschlands Kampf gegen die Russen« trug. Am liebsten las sie patriotische Bücher und kitschige Liebesromane.

1917, nach etwa 18 Monaten Aufenthalt in Dessau, war die Familie wieder in Berlin und zog in die Kaiserallee 135. Dort hatte Lena jetzt ein eigenes Dachzimmer mit kleinem Balkon, in das sie sich zurückziehen konnte. Im Herbst 1917 wechselte sie zur Viktoria-Luise-Schule, nachdem sie zunächst aus formellen Gründen eine Klasse zurückgestuft worden war. Endlich fand sie eine neue Liebe, eine Schwärmerei, die nicht ohne Folgen blieb. Sie liebte das Kino und sie liebte Henny Porten, den ersten deutschen Kinostar. Auf Weihnachsfesten hatte Onkel Willi Felsing schon früher einmal Kinostücke gezeigt und Laterna-Magica-Abende aufgeführt. Henny Porten aber war etwas ganz anderes. In den Küchendramen der Kriegszeit spielte sie die dem Schicksal ausgelieferte junge Frau, die von edel aussehenden, aber moralisch verkommenen Herren der Gesellschaft verführt wurde. Henny Porten personifizierte das romantische Leiden der Frauen an den Männern; ihre Entrüstung über angetane Schmach war pathetisch und entschieden. Wie der Erzengel nach dem ersten Sündenfall verwies sie die Sünder mit erhobenem Arm und ausgestrecktem Zeigefinger aus ihrem Paradies; sie litt klaglos, aber händeringend, unter heftigem Pumpen der Büste. In Momenten letztgültiger Verzweiflung warf sie

> Ich glaube, der Krieg hört nie auf. Jetzt noch mit Amerika. Nun, ich höre lieber auf mit Schreiben und warte, bis ich wieder etwas interessantes schreiben kann, nämlich ich warte auf eine neue Liebe.
> *Tagebuch, April 1917*

den Oberkörper, die Arme voran, auf die Ottomane. Gestickte Kissen dämpften den Aufprall des fülligen Körpers. An Henny Porten erfuhr Marlene Dietrich die Seligkeiten des verehrenden Fans. Zu Premieren in Anwesenheit der Schauspielerin schickte sie selbstgebackene Cremeschnitten in die Künstlerloge; sie besuchte den Star zu Hause, brachte ihr Ständchen zum Geburtstag und beglückte sie mit Künstlerpostkarten, ausgemalt mit Eiweißfarben.

Auch andere Schauspieler erhielten von Marlene Dietrich Künstlerkarten mit der Bitte um ein Autogramm; die Antwort wurde dann, nicht anders als heute, im Freundeskreis als Trophäe vorgeführt oder getauscht. Den ju-

Meine Mutter merkte bald die große Leidenschaft, und eines Tages nahm sie für die ganze Familie bei einer Porten-Premiere die große Loge, die neben der Porten-Loge lag. Dieser Tag wurde, ohne daß ich es geahnt hatte, ein berauschender Triumph für mich. Einige Monate vorher hatte ich nämlich ein Gobelinkissen für Henny gearbeitet und ihr zugeschickt. Und was erblicke ich im Film? Wohin fiel Henny Porten im Höhepunkt der Leidenschaft in Ohnmacht? Mitten auf mein Gobelinkissen. Und ich kniff meine Mutter in den Arm und trompetete in den Mozart-Saal: »Mutti, sieh mal, sie fällt auf mein Kissen.« Das war das Glück.

Marlene Dietrich: ›Meine erste Liebe‹,
in: ›Tempo‹, Berlin, Nr. 79, 4. April 1931

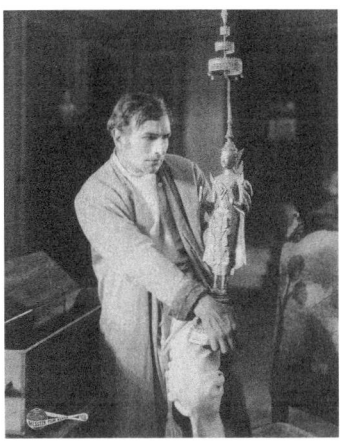 

gendlichen Schwärmern blieben aber auch Enttäuschungen nicht erspart. Am 27. Oktober 1917 notierte Marlene in ihrem Tagebuch: »Eben ist Bruno Decarlis Karte angekommen. Ich fand ihn so schön in ›Furcht‹ [1917, Regie: Robert Wiene], und in dem ›Wandernden Licht‹ [1916; Regie: Robert Wiene] ist er mit Henny Porten photographiert. Überall hat er einen Scheitel und viel schwarzes Haar. Nun geh' ich in die Joachimsthalerstraße, in das Kartengeschäft, schlage im Deutschen Theaterbuch Bruno Decarli auf und finde einen Mann mit einer Glatze.«

Henny Porten blieb der Schwarm und Fixstern ihrer Jugend. Marlene schickte dem Star der Messter-Produktion Filmentwürfe mit Titeln wie ›Das einsame Herz‹ und ›Sehnsucht‹ und erhielt sie mit freundlichen Grüßen zurück; sie übte sich in Schulaufführungen, knüpfte galante

▼ 9, 10 Henny Porten (1890–1960). Sie begann ihre Karriere 1907 bei dem Filmpionier Oskar Messter und spielte in rund 150 Stumm- und 17 Tonfilmen.

11, 12 Bruno Decarli

Kontakte zu Schauspielern und bekannte ihrem Tagebuch im Oktober 1917: »Ich geh sicher noch mal zur Bühne. Es brennt sozusagen etwas in mir nach Henny Porten.« Und wenn nicht Kinostar, dann wollte sie Künstlerin werden. Am Abitur hatte sie kein Interesse.

Im Jahr 1917 bekam sie ihre erste eigene Geige, die stolze 2100 Mark kostete. Sie nahm jetzt noch intensiver Violinunterricht. Die politischen Tagesereignisse, Krieg, Hungersnot und die wachsende Unzufriedenheit des Volkes, hatten in ihrer Wahrnehmung nur einen peripheren Platz. Die Unruhen auf den Straßen empfand sie eher als persönliche Bedrohung. Der 9. November 1918, jener historische Tag, an dem Wilhelm II. abdankte und Philipp Scheidemann die erste deutsche Republik ausrief, war für Marlene Dietrich – wie für viele andere Konservative – ein Tag größter Sorge.

Die Familie von Losch wähnte sich abseits, ja außerhalb der Geschichte. Für sie brach unvermittelt, schicksalhaft wie im Kino, die wilhelminische Welt zusammen. Berlin war ein Herd der Unruhe geworden, und die Gründung der Republik, die man zunächst als ein unangenehmes Tagesereignis betrachtete, sollte schrecklicherweise Bestand haben. Die Unruhen legten sich nicht, die Sitten verfielen – Berlin an der Jahreswende 1918/1919 war kein Pflaster für Mädchen aus gutem Hause. Und die Tochter Lena glitt der Mutter sichtlich aus der Hand. In Berlin lief in den Kinos der deutsche Film ›Demi-Vierges‹ (1919; Regie: Manfred Noa). Mutter und Tochter, die eine mit Schrecken, die andere mit lustvollem Schaudern, sahen das Kinostück als ein Menetekel des Großstadtlebens.

> Warum muß ich diese schreckliche Zeit miterleben. Ich wollte doch eine goldene frohe Jugend. Und nun ist es so gekommen. Der Kaiser tut mir leid. ... Wenn man bloß [Henny Porten] nichts tut. Grad auf die Feinangezogenen haben sie es abgesehen.
> *Tagebuch, 9. November 1918*

Josefine von Losch entschied: Gleich nach Abschluß der Schule muß das Kind aufs Land, in die Provinz, dorthin, wo die Werte ihrer Erziehung noch Geltung haben und die erwachte Sinnlichkeit des Kindes sich nicht ausleben kann. Lena war eine begabte Violinistin; aus dieser Begabung konnte man vielleicht etwas machen. Aber Marlene war jetzt kein Kind mehr, und die Sinnlichkeit war auch in der Provinz ein gern geübtes Vergnügen. Manchmal war es sogar das einzige, das die Provinz zu bieten hatte.

1920 lebten beide Töchter Dietrich für etwa drei Monate im bayerischen Mittenwald, einem Dorf, das für die Tradition des Geigenbaus bekannt war. Marlene sollte hier ihre Kenntnisse in der Kunst des Geigenspiels vertiefen. Auf einer Wanderung begegnete sie dem Dichter Klabund, den sie jedoch weit weniger attraktiv fand als den ihn begleitenden Kunstmaler; und wieder einmal verliebte sie sich. Bevor es ernster werden konnte, holte die Mutter ihre Kinder wieder ab. »Mein Herz, das ich so oft schon verschenkt habe, ließ ich wieder einmal dort«, vertraute Marlene ihrem Tagebuch an. Die Mutter brachte sie nach Weimar.

Wenige Tage, nachdem sie im Herbst 1920 dort eingetroffen war, stellte sie betrübt fest: »Hier bin ich so einsam wie zuvor«, und Tage später klagte sie angesichts der Aussicht, auch Weihnachten in Weimar zu verbringen: »Hier hielte ich es nur schwer aus.« 1923 sah sie ihre Zeit in Weimar in einem anderen Licht – es war ihr »glücklichstes Jahr«. Die Mutter entschied sich für Weimar, damit Marlene dort weiter und noch intensiver Geige stu-

An einem typischen Fall wird die Mentalität der jungen Mädchen aus der sogenannten guten Gesellschaft gezeigt, die in frühreifer Sinnlichkeit den prickelnden Reiz erotischer Abenteuer auskosten wollen. ... Lüstern spielen sie mit dem Feuer, bis sie sich einmal daran verbrennen. – Das ist mein genaues Bild, bis auf den Schlußsatz natürlich, das kommt noch.

Über den Inhalt von ›Demi-Vierges‹

dieren konnte. Im Töchterheim der Frau Alberti, dem
ehemaligen Haus der Frau von Stein, lebte sie mit anderen Mädchen zusammen. Frau Alberti war nicht nur die
Wirtin, sie hatte auch die Aufgaben einer Gouvernante.

In ihrem ›ABC‹ bezeichnete Marlene Dietrich die Violi-
ne als den Traum ihrer verlorenen Jugend. Dies war nicht
nur eine romantische Stilisierung, denn sie war tatsächlich
eine begabte Violinistin, die zielstrebig und eifrig an der
Vervollständigung ihrer Kunst arbeitete. Eine Sehnen-
entzündung setzte Anfang der zwanziger Jahre ihrem
Wunsch, das Violinspiel zum Beruf zu machen, ein Ende.

In Weimar besuchte sie klassische Konzerte statt Kino-
vorstellungen, las Goethe und die Klassiker der deutschen
Literatur; Weimar war für Marlene Dietrich eine wichtige
Bildungsphase, in der sie sich von dem mehr als mittelmäßigen Kulturbegriff ihrer früheren Jahre trennte. 1921
hatte sie bei dem aus der Schweiz stammenden Hofka-
pellmeister Dr. Robert Reitz Unterricht. Ihrer Tochter erzählte Marlene Dietrich später, daß ihr Lehrer bei einer
Stunde ihren Reizen erlegen war. »Ich lag auf dem alten
Sofa, der rote Plüsch kratzte mich am Hintern. Mein Rock
war über meinem Kopf. Er stöhnte und schwitzte.« Dieses sei ihr erstes sexuelles Erlebnis gewesen, und natürlich war es »furchtbar«. In den weiblichen Kreisen Wei-
mars trug Robert Reitz allerdings den Namen »Bobby
Reizlos«. Auch wenn dieses Erlebnis stattgefunden haben
sollte, so hatte es auf Marlene keine abschreckende Wirkung. Dem Tagebuch der Opernsängerin Priska Aich ist
zu entnehmen, daß diese mehr unter Marlene litt als Marlene unter Robert Reitz. Priska Aich stammte aus einer

Mittenwald: Traumhafter Begriff, der alles einschließt, was ich
mit Wehmut liebe. Das Dorf der Geigenbauer – Geigenhälften,
die zum Trocknen in Garten hängen, Geigenspiel aus jedem Haus.
›Marlene Dietrichs ABC‹

ungarischen Industriellen-
familie, hatte früh geheiratet und sich nach einigen
Jahren von ihrem Mann
wieder getrennt. Als Opernsängerin war sie nach Weimar gekommen und bald
eng mit dem Musiker Ernst
M. Latzko liiert. Die Beziehung geriet 1921 in eine
Krise, ausgelöst durch Marlene Dietrich.

Marlene wurde mit Ernst
Latzko beim Tête-à-tête im
Park gesehen, sie kokettier-
te mit ihm bei Konzerten
und besuchte ihn in seiner
Wohnung. Weimar war im
Gegensatz zu Berlin eine

13 Marlene mit einem unbekannten Verehrer

Kleinstadt, und die Gerüchteküche brodelte. Marlene spielte die vollkommene Unschuld. In einem Brief nach Berlin
klagte sie: »Wenn Sie wüßten, wie gemein diesmal die
Menschen wieder waren …«

Die Mutter erfuhr durch Frau Alberti von dem sich an-
bahnenden Skandal und beeilte sich, die Tochter nach
Hause zu holen.

»Wie ich neuerdings erfuhr«, so Priska Aich in ihrem Tagebuch, »geht sie zum Film. – Na also, endlich hat sie offiziell den Weg betreten, wo sie hingehört, zum Hurentum.«

Film war in gebildeten Kreisen wirklich das Letzte.

Sie heißt Marlene. Eine Berliner »demi-vierge«, mit bezaubern-
dem rotblondem Haar und schwarzgefärbten Wimpern. Weisser
Teint und herrlich rote Lippen, an denen sie immerzu herum-
biss; sie waren echt, sonst wär die Schminke bei dem ewigen
Beissen und Ablecken sicher heruntergegangen. Sie war »üppig«
und hatte »schlanke Fesseln« – war also sein Ideal. – Zum Über-
fluss war sie jung. Sie behauptete 19 zu sein, war also 24.

Aus dem Tagebuch von Priska Aich

Es liegt in der Luft

Berlin hatte sich gegenüber den zehner Jahren und auch im Unterschied zu den nachrevolutionären »unruhigen Zeiten« gewandelt. Es ging natürlich und wie immer in Berlin »drunter und drüber«, es gab jetzt mehr Verkehr, mehr Amerikaner, mehr Lichter, mehr Theater und Revuen, auch mehr Elend und vor allem mehr Menschen. Das einzige, was es in Berlin 1922 nicht gab, war gutes Geld. Es war die Zeit der Inflation; die Beamten und die Angestellten, auch die sogenannten »besseren Kreise«, verarmten und fanden sich mit einem Mal in einer Gesellschaftsklasse wieder, auf die sie vordem verächtlich herabgeblickt hatten. Ehrbare Witwen mußten in ihre großen Wohnungen Untermieter einziehen lassen, in den proletarischen Bezirken vermietete man den Hängeboden schon lange an Schlafburschen. Einer der wenigen Berufszweige, der von der Inflation profitierte, war der Film.

Noch vor Kriegsende hatte das Deutsche Reich die Universum Film AG gegründet, einen Zusammenschluß von verschiedenen Filmfirmen, die ursprünglich propagandistische, also kriegswichtige Filme produzieren sollten. Dazu kam es kaum noch, aber die Ufa und andere deutsche Filmfirmen stellten in der Inflationszeit auf-

14   Marlene Dietrich 1929

wendige Produktionen her und verkauften diese lukrativ ins Ausland. Da die deutsche Währung im Galopp verfiel, konnte ein Dollar von einem zum anderen Tag gut das Doppelte oder Dreifache wert sein. Der deutsche Film erlebte eine wirtschaftliche Scheinblüte. Dabei hatte der Film in der Metropole auch gesellschaftlich an Renommee gewonnen. Regisseure wie F. W. Murnau, G. W. Pabst, Ernst Lubitsch, Fritz Lang oder Joe May hatten im Ausland einen guten Namen und wandten sich rigoros ab von den Klischees tränenerstickter Liebestragödien oder naiver Humoresken auf Stammtischniveau. Gleichwohl gab es diese Klasse von Filmen – schnell gedreht und schnell vergessen – auch weiterhin. Für solche Filme wurde Marlene Dietrich in ihren ersten Jahren als Schauspielerin fast ausschließlich engagiert.

Ab den fünfziger Jahren bestritt Marlene lange Zeit, überhaupt in Stummfilmen aufgetreten zu sein. Greta Garbo war die große Stummfilm-Schauspielerin, aber nicht die Dietrich. Dahinter stand unausgesprochen die Befürchtung, daß sie als »alt« gelten könnte. Denn wer im Stummfilm seine Karriere begonnen hatte, der mußte um einiges älter sein als jemand, der erst mit dem Tonfilm bekannt geworden war. Und natürlich wollte Marlene auch nicht,

---

Einige im Kapitel nicht weiter erwähnte Stummfilme mit Marlene Dietrich

Der Sprung ins Leben. Deutschland 1924. Regie: Dr. Johannes Guter; Produzent: Erich Pommer; Buch: Franz Schulz; Kamera: Fritz Arno Wagner. Mit Xenia Desni Idea, Walter Rilla, Paul Heidemann, Marlene Dietrich u. a.
Madame wünscht keine Kinder. Deutschland 1926. Regie: Alexander Korda; Produzent: Karl Freund; Kamera: Theodor Sparkuhl, Robert Baberske; Buch: Adolf Lantz, Béla Balázs nach dem Roman ›Madame ne veut pas d'enfants‹ von Clément Vautel. Mit Maria Korda, Harry Liedtke, Maria Paudler, Marlene Dietrich u. a.
Kopf hoch, Charly. Deutschland 1927. Regie: Dr. Willi Wolff; Buch: Robert Liebmann, Dr. Willi Wolff nach einer Novelle von Ludwig Wolff; Kamera: Axel Graatkjaer, Georg Krause. Mit Anton Pointner, Ellen Richter, Michael Bohnen, Marlene Dietrich u. a.

daß jemand Filme sah, die sie vor ihrer Zusammenarbeit mit Sternberg gemacht hatte. Denn damals war sie noch nicht *die* Dietrich, sondern nur eine Schauspielerin wie andere auch.

Im Jahr 1922 mußte Marlene Dietrich alle Hoffnungen aufgeben, jemals eine Konzertgeigerin zu werden. Sie hatte in Berlin noch bei Professor Flesch an der Hochschule für Musik studiert, aber eine Entzündung zwang sie, das Studium aufzugeben. Das war eine veritable Katastrophe, denn die Mutter hatte viel Geld in die Ausbildung investiert. Marlene, ratlos wie ihre Mutter, sprach mehr auf gut Glück als mit viel Hoffnung in der Schauspielschule von Max Reinhardt vor und wurde von April bis Juni 1922 von Berthold Held unterrichtet. Reinhardt selbst lernte sie erst in Amerika kennen; der Schauspielunterricht und die Entwicklung junger Talente war Sache seiner Mitarbeiter. Von 1922 bis 1928 spielte Marlene in 20 verschiedenen Theaterinszenierungen, auf großen und auf kleinen Bühnen in Berlin; die Rollen waren wenig bedeutend oder nur mäßig interessant. Waren sie größer, so ragten die Regisseure oder die Stücke selbst kaum über das Mittelmaß hinaus. Retrospektiv war die Berliner Theaterzeit für Marlene eine Übungs- und Übergangsperiode – etwa vergleichbar mit den Provinztheatererfahrungen eines später in Berlin erfolgreichen Schauspielstars. Und dennoch gelang es ihr, sich in diesen ersten Jahren einen Namen zu machen. Sie galt als Talent und kam schon als erste Wahl für zweitklassige Stoffe in Betracht.

Im Juli 1922 erhielt die Schauspielschülerin eine erste kleine Rolle in einem Spielfilm. In ›Der kleine Napoleon‹,

Greta Garbo, eigentlich Greta Gustafson (1905–1990), auch »Die Göttliche« genannt. Als Marlene Dietrich 1930 nach Hollywood kam, war Greta Garbo die berühmteste Filmschauspielerin der Welt.

Max Reinhardt, eigentlich Max Goldmann (1873–1943), österreichischer Schauspieler, Regisseur und Theaterleiter. Er war einer der Mitbegründer der Salzburger Festspiele.

15 Marlene Dietrich in ›Der kleine Napoleon‹

einer seichten, unbedeutenden historischen Komödie, spielte sie eine Zofe, die sich durch eine Tür drängt und etwas
verlegen, aber beflissen eine Botschaft vorträgt. Die Aufnahmen werden nicht mehr als einige Minuten gedauert
haben. Marlene war mehr proper als schön und trug eine
Kopfbedeckung, die eher zur Nachtmütze tendierte als
zu einem Schmuckstück. »Ich sehe aus wie eine Kartof-
fel«, soll sie später diese Erscheinung kommentiert haben.
Es war die erste von vielen Rollen, für die die Amerikaner das Wort »zaftig« geprägt haben.

Auf der Suche nach Komparsen begab sich der junge
Aufnahmeleiter Rudolf Sieber im Frühjahr 1922 in die
Schauspielschule des Deutschen Theaters. Er arbeitete bei
dem renommierten Regisseur Joe May, der den großen

Der kleine Napoleon. Deutsch-
land 1923 (Gedreht im Sommer /
Herbst 1922). Regie: Georg Ja-
coby. Buch: Robert Liebmann,
Georg Jacoby; Kamera: Max
Schneider, Emil Schünemann;
Bauten: Martin Jacoby-Boy. Mit
Egon von Hagen (Napoleon
Bonaparte), Paul Heidemann
(Jerôme Bonaparte), Harry
Liedtke (Georg von Melsungen),
Marlene Dietrich (Zofe) u. a.

vierteiligen Film ›Tragödie der Liebe‹ mit Emil Jannings und seiner Frau Mia May in den Hauptrollen vorbereitete. Sieber wählte für die Komparserie unter den Schülerinnen auch Marlene aus. Beide verliebten sich heftig ineinander, was doppelt erfreuliche Konsequenzen nach sich zog. Zum einen erhielt Marlene eine etwas größere Rolle mit einer Großaufnahme, und zum anderen verlobten sie sich am 22. November 1922. Zur Feier bat die Mutter die umfangreiche Verwandtschaft in ihre Wohnung. Sehr glücklich dürfte sie über die Wahl ihrer Tochter allerdings nicht gewesen sein. Man war doch jetzt adlig, ihr Bruder führte ein angesehenes Uhren- und Schmuckgeschäft an einer der ersten Adressen der Stadt. Und da suchte sich ihre Tochter einen Aufnahmeleiter vom Film aus!

Rudolf Emilian Sieber war nicht adlig, er kam noch nicht einmal aus einer reichen Familie. Seine Vorfahren waren Bäckermeister und Landwirte und stammten weder aus Brandenburg noch aus Berlin. Sie lebten zunächst in Teplitz; er selbst war am 20. Februar 1897 in Aussig (Böhmen) zur Welt gekommen. Nach dem Ersten Weltkrieg blieb er in Berlin und fand einen Job beim Film. Sieber hatte keine künstlerischen Ambitionen, aber er war ein stattlicher Mann mit strohblondem Haar und romantischem Blick. Marlene

ließ der Mutter keine Wahl, und schließlich war sie auch schon fast 21 – ein Alter, in dem Töchter aus gutem Hause in festen Händen zu sein hatten. Ein gutes halbes Jahr nach der

16 Rudolf Sieber (1897–1976)

Verlobung, am 17. Mai 1923, heiratete das Paar in der Kaiser-Wilhelm-Gedächtniskirche. Der Onkel Hermann Dietrich hatte der Kirche vorzeiten eine Glocke gestiftet – man hatte auch hier Beziehungen.

Die Ehe überstand über die Jahrzehnte alle Krisen, Liebschaften und Affären; viele waren später erstaunt, daß sich das Paar nicht scheiden ließ. Aber beide hatten einen Weg gefunden, miteinander zu leben und gleichzeitig voneinander getrennt zu sein. Rudi, wie er von seinen Freunden genannt wurde, war lange Zeit Marlenes Berater und Manager. Er führte die Bücher, kümmerte sich auch um ihre Karriere und war vermutlich politisch gebildeter als Marlene. Dazu gehörte allerdings nicht viel. Es mag sein Schicksal gewesen sein, für andere als Herr Dietrich zu gelten; untereinander war das Paar loyal. Am 50. Hochzeitstag trat Marlene im Alexandra Theatre, Birmingham (England), auf; Rudi schickte ihr ein Telegramm, in dem es heißt: »Shall continue to go steady with you.« (»Ich werde weiterhin fest mit Dir gehen.«) Das Ehepaar nahm die Ehe nicht bitterernst, aber gegen alle Unkenrufe, gegen alle Bedenkenträger hielt die Verbindung bis zum Tod von Rudolf Sieber im Jahr 1976.

Die ›Tragödie der Liebe‹ war ein Publikums- und ein Kritikererfolg. Kurt Tucholsky, ein begeisterter Verehrer von Emil Jannings, feierte den Film in der politisch-literarischen Zeitschrift ›Die Weltbühne‹ und benannte drei Personen, die für seine Qualität ausschlaggebend seien: den Schauspieler Emil Jannings, den Regisseur Joe May und den Ausstatter Paul Leni. Marlenes Rolle war unbedeutend, aber sie brachte eine witzige Randnote in den Film. Man

Er war gütig. Er war höflich und gut und gab mir das Gefühl, daß ich mich auf ihn verlassen, daß ich ihm vertrauen konnte. Das Gefühl blieb unverändert all die Zeit, all die Jahre unserer Ehe hindurch.

Über Rudi Sieber, in: ›Nehmt nur mein Leben‹

17   Marlene Dietrich (rechts) in ›Tragödie der Liebe‹

sieht sie einmal aufgeregt mit einem befreundeten Staatsanwalt telefonieren; sie will eine Karte zu einem Sensa-
tionsprozeß haben, wird aber abgewiesen. Dennoch ist sie
beim Prozeß dabei und winkt dem erstaunten Staatsanwalt aus der Zuschauertribüne zu – bis dieser merkt, daß
die Grüße nicht ihm, sondern seinem Referendar gelten.
Marlene trägt ein Monokel, was viele als Zeichen ihrer Bi-
sexualität gedeutet haben. Man darf das bezweifeln; Marlene war schließlich frisch verliebt in ihren zukünftigen
Mann. Das Monokel sollte eher ihre Unabhängigkeit beto-
nen; sie eignete sich dieses männliche Zeichen ganz selbst-

Tragödie der Liebe. Deutsch-
land 1923. Regie: Joe May; Buch:
Leo Birinski, Adolf Lantz; Ka-
mera: Sophus Wangoe, Karl Puth;
Bauten: Paul Leni; Kostüme:
Ali Hubert; Produktionsleiter:
Rudolf Sieber.
Mit Mia May (Gräfin Manon de
Moreau), Rudolf Forster (Graf
François de Moreau), Emil Jan-
nings (Ombrade, ein Zuhälter),
Wladimir Gaidarow (André Ra-
batin), Kurt Götz (Staatsanwalt),
Marlene Dietrich (Lucie, seine
Geliebte) u. a. Der Film hatte ur-
sprünglich vier Teile und wurde
1928 in einer neu geschnittenen
Fassung als Zweiteiler gestartet.

verständlich an. Im Stummfilm ›Der Juxbaron‹ trägt sie
ebenfalls ein Monokel, und dort dient ihr das Requisit – in
der Rolle einer jungen Dame, die einen Mann zum Heiraten sucht – gleichfalls als Signal ihrer Unabhängigkeit vom
elterlichen Geschmack. Als Hinweis auf lesbische Neigungen wird das Monokel erst in Filmen eingesetzt, die diese
Neigungen denunzieren wollen – so etwa in der Nazipro-
duktion ›Venus vor Gericht‹ (Deutschland 1941; Regie:
Hans H. Zerlett). Im Kino der Weimarer Republik dagegen behandelte man die Travestie offen und ohne große
moralische Scheuklappen.

Marlene wurde von der Kritik nicht bemerkt, und sie hätte ein eventuelles Lob später auch nicht gelten lassen. »Ich
tat das, was von mir erwartet wurde, egal, was es war.
Ich ›befolgte die Regeln‹ – wie ich es dann auch weiterhin
getan habe, in meiner Arbeit und in meinem Leben.« 1928
allerdings klagte sie schon, daß sie seit ihrem famosen
Auftritt in ›Tragödie der Liebe‹ auf ein Rollenschema festgelegt wurde. »Leider wurde ich durch diese Rolle auf
das Fach der Halbweltdamen und Abenteurerinnen ge-
drängt, obwohl ich natürlich sehr, sehr gerne einmal etwas
anderes spielen wollte.«

Mit ihrem Schauspielerkollegen Wilhelm Dieterle drehte sie 1923, wenige Wochen vor ihrer Hochzeit, einen wei-

In hochanständiger Garderobe begab ich mich aus meiner Garderobe zum Drehort. Ich wußte, daß dort gerade eine Episode
mit Marlene Dietrich gedreht wurde. Sie spielte die Rolle einer
Kurtisane, die von einem Rechtsanwalt ausgehalten wird. ... Ich
bahnte mir nur mit Mühe den Weg zwischen den Dekorations-
wänden zum Drehort; plötzlich erschien vor mir eine Frau, sie
hatte ein Monokel im Auge, eine Zigarette im Mundwinkel, über
den Arm war leger ein Bademantel geworfen, und sonst hatte sie
nur Schuhe an! So marschierte sie triumphierend durchs Atelier
und schenkte niemandem Aufmerksamkeit. Ich kannte sie damals noch nicht. Ich blieb stehen, machte den Weg frei und grüß-
te höflich. Darauf bekam ich ein »n Tag!« zu hören, so wie die
Berliner es aussprechen, und sie ging weiter. Ich war, ich verber-
ge es nicht, zutiefst verblüfft.
Wladimir Gaidarow, Schauspieler in ›Tragödie der Liebe‹

18 ›Der Mensch am Wege‹. Marlene Dietrich rechts

teren Film. Diesmal hatte sie die zweite Hauptrolle. ›Der Mensch am Wege‹, die Verfilmung einer Tolstoi-Erzählung, ist als Film nicht erhalten geblieben. Ein einmaliges Kunstwerk ist damit wahrscheinlich nicht verlorengegangen. Marlene Dietrichs Spiel wurde als »ganz äußerlich« empfunden. Dies jedenfalls war nicht der große Wurf.

Neben kleinen Filmrollen spielte sie in der Saison 1923/ 1924 an den Bühnen von Meinhard und Bernauer. Das junge Ehepaar Sieber war darauf angewiesen, Geld beiseite zu legen. Marlene erwartete ein Kind, der Umzug aus der möblierten Wohnung von Rudi in der Nassauischen Straße

Der Mensch am Wege. Deutschland 1923. Regie und Buch: Wilhelm Dieterle nach den Kurzgeschichten ›Was ein Mensch braucht‹ und ›Das Patenkind‹ von Leo Tolstoi; Kamera: Willy Hameister; Bauten: Herbert Richter-Luckian. Mit Alexander Granach (Schu-ster), Emilie Unda (seine Frau), Wilhelm Dieterle (Michael, der »menschliche Engel«), Heinrich George (Gutsherr), Marlene Dietrich (Krämerstochter) u. a.

mußte bezahlt werden, und schließlich wollten sie auch selbständig sein. Im Dezember 1924 wurde die Tochter Maria geboren. Nach einem populären Kinderbuch wurde sie Heidede gerufen. Maria war das ein und alles der jungen Familie. Marlene hieß nun »Mutti« und behielt diesen Namen auch gegenüber ihren zukünftigen Liebhabern und Freunden; Rudi wurde für den Rest seines Lebens zu »Pappi«. »Das Kind«, so Marlene Dietrich in ihrem letzten Tagebucheintrag 1926, »ist unbeschreiblich. Fremde Menschen lieben es und haben Sehnsucht. Es ist der Inhalt meines Lebens.« Und in einem Anflug von Depression fügt sie hinzu: »Ich glaube, daß ich früh sterbe. Wenn ich nur noch das Kind großziehen könnte. Und so lange Mutti lebt, möchte ich bleiben. Und Liesel. Es geht ihr oft nicht gut. Man kann ihr nicht helfen. Ich liebe sie sehr.«

Nachdem die junge Familie 1925 nochmals umgezogen war, nahm Marlene Dietrich in diesem Jahr nur ein größeres Engagement beim Film an. Einige Biographen konnten der Versuchung nicht widerstehen, auch ›Die freudlose Gasse‹ von Georg Wilhelm Pabst, gedreht im Februar und März 1925, zu ihren Filmen zu zählen. Dieses Sozialdrama aus dem Wien des Ersten Weltkriegs war das Sprungbrett für Greta Garbos Engagement nach Hollywood. Die scharfen Konkurrentinnen aus dem Hollywood der dreißiger Jahre zusammen in einem Film der zwanziger Jahre – das beflügelte die Phantasie mancher selbsternannter Filmhistoriker. Die Tatsachen sprechen gegen diese poetische Deutung. Marlene Dietrich wurde und wird noch heute mit der relativ unbekannten Schauspielerin Hertha von Walther verwechselt.

Manon Lescaut. Deutschland 1926. Regie: Arthur Robison; Buch: Hans Kyser, Arthur Robison nach dem Roman ›L'Histoire de Manon Lescaut‹ von Abbé Prevost; Kamera: Theodor Sparkuhl; Bauten und Kostüme: Paul Leni. Mit Lya de Putti (Manon Lescaut), Wladimir Gaidarow (Des Grieux), Fritz Greiner (Marquis de Bli), Siegfried Arno (Lescaut), Marlene Dietrich (Micheline) u. a.

In dem Kostümfilm ›Manon Lescaut‹ spielte Marlene 1926 die kleine, aber nicht unwichtige Rolle einer durchtriebenen Hofdame. Der Regisseur Arthur Robison inszenierte ein aufwendiges Genrebild, das zwar technisch perfekt war, aber in seiner historischen Gebundenheit mehr einem Bilderbogen als einem zeitgenössischen Kunstwerk ähnelte. Die Produktion, aufwendig und technisch ausgefeilt, zielte auf Kasse mit Niveau. Für Marlene Dietrich gab es die erste positive Erwähnung in der Kritik – die ›B. Z. am Mittag‹ sprach von der »ungewöhnlich hübschen Frau, die man gern bald wieder sehen möchte«. Immerhin. Alfred Kerr war zwei Jahre zuvor nur ihr Rollenname im Gedächtnis geblieben, und das auch nur »um ihres Fleisches

19 ›Manon Lescaut‹. Mit Siegfried Arno und Fritz Greiner

willen«. Die Hauptrolle in ›Manon Lescaut‹ verkörperte Lya de Putti, die wenig später aufgrund ihrer Darstellung im Film ›Varieté‹ von Hollywood engagiert wurde. Auch der Produktionsleiter, Erich Pommer, ging 1926 nach Hollywood, dies aber nicht ganz freiwillig. Die Ufa hatte ihn nach den ausufernden Produktionskosten von Fritz Langs ›Metropolis‹ vor die Tür gesetzt. Pommers Amerikaaufenthalt sollte sich für Marlene Dietrich zu ihrem Vorteil auswirken.

1926 war Marlene vollauf mit Theater- und Filmarbeiten beschäftigt. Anfang des Jahres spielte sie mit Fritz Kortner und Rudolf Forster im Schauspielhaus unter Leopold Jessner, neben Max Reinhardt der bedeutendste Theaterregisseur des Berliner Theaters jener Tage. Der junge Dramatiker Hans J. Rehfisch hatte die Komödie ›Duell am Lido‹ als ein zeitkritisches Stück angelegt, in dem die große Welt als Halbwelt denunziert wird. Und in dieser Halbwelt spielte Marlene Dietrich ihre Standardrolle, ein von Moralbegriffen unbeschwertes, modernes Mädchen – diesmal als Garçonne und wieder mit dem Monokel als Requisit. Im Film ›Eine Dubarry von heute‹, gedreht im Frühjahr 1926 unter der Regie von Alexander Korda, trug sie als Rollenname nur die Bezeichnung »eine Kokotte«.

Marlene Dietrich arbeitete in dieser Zeit unter erstklassigen Regisseuren in großen Prestigeproduktionen. Und sie wird in diesen Rollen auch bemerkt. Aber es scheint wirklich so, als müsse, als könne sie nur ein und dieselbe Rolle immer wieder aufs neue und ohne große Variationen vorstellen. Pikante Fotos in Herrenmagazinen waren auch nicht dazu angetan, dieses Klischee zu brechen. In Erik

Ich spiele Theater und Filme und verdiene viel Geld. Ich selbst erlebe nichts. Als Frau nicht und als Mensch nicht.
Aus dem Tagebuch,
Oktober 1926

Eine Dubarry von heute. Deutschland 1927. Regie: Alexander Korda; Buch: Robert Liebmann, Alexander Korda, Paul Reboux nach dem gleichnamigen Roman von Ludwig Biro; Kamera: Fritz Arno Wagner. Mit Maria Corda (Toinette), Alfred Abel (Pascal), Marlaine [sic] Dietrich (eine Kokotte) u. a.

Charells Revue ›Von Mund zu Mund‹ (1926) übernahm sie im Spätherbst als zweite Besetzung die Hauptrolle von Erika Gläßner. Sie war die *Commère* und posierte als diese auch für eine Agfa-Reklame. Marlene nahm alles mit, was ihr angeboten wurde, und fühlte sich im Oktober 1926 tief deprimiert. Eine angeblich stürmische Affäre mit Claire Waldoff, die ebenfalls in der Revue mitspielte, schien in ihrem Seelenleben keine große Rolle gespielt zu haben.

Erst mit dem nächsten Film ›Der Juxbaron‹ probierte sie etwas Neues aus, eine Komödie. Obwohl – den Film eine

Komödie zu nennen, ist etwas zu hoch gegriffen; der Stoff hat stark volkstümliche Akzente, die komödiantischen Effekte sind auf den biederen Geschmack abgestellt. Es wird gesoffen, geprustet, auf die Schenkel geklopft, in den Hintern getreten und vieles mehr, was sich einer ernsthaften Beurteilung verwehrt. Marlene spielt eine biedere Haustochter auf der Suche nach einem Mann. Sie verfällt auf einen Landstreicher, der sich als Edelmann verkleidet hat. Reinhold Schünzel, der wie viele andere im Dritten Reich nach Hollywood emigrierte, spielte routiniert und nicht ohne zielsichere Effekte die spärliche komödiantische Variante dieser Verwechslungskomödie

20   Plakat für die Revue ›Von Mund zu Mund‹

Von Mund zu Mund. Revue in 18 Bildern von Erik Charell. Premiere am 22. Oktober 1926 im Großen Schauspielhaus Berlin. Mit Claire Waldoff, Wilhelm Bendow, Curt Bois und anderen

aus. Der Humor zielt immer auf das denkbar niedrigste Niveau. So wendet sich Marlene an Schünzel mit den Worten: »Ich weiß, was Ihnen fehlt. Sie suchen ein Herz« – und die Kamera fährt auf das Herz eines Toilettenhauses. In wenigen Szenen trug Marlene wieder ein Monokel, diesmal als Zeichen für die Zickigkeit einer alternden Jungfer. Sie spielte Klavier und sang dazu, und unübersehbar machte sie daraus eine Knallcharge mit verzückten Augen und schiefgelegtem Kopf. Um zum Klavier zu gehen, durchquert sie das ganze Wohnzimmer. Mit ihrem Gang überwindet sie einfach die Entfernung; in Hollywood machte sie in ähnlichen Szenen vor, wie eine Frau von Klasse eine lange Wegstrecke gehen kann und dabei in je-

Der Juxbaron. Deutschland 1927. Regie: Willi Wolff; Buch: Robert Liebmann, Willi Wolff nach der Oper von Poerdes-Milo, Hermann Haller und Walter Kollo; Kamera: Axel Graatkjar. Mit Reinhold Schünzel (Blaukehlchen), Henry Bender (Hugo Windisch), Marlene Dietrich (Sophie) u. a.

21 ›Der Juxbaron‹. Mit Trude Hesterberg (links) und Henry Bender

dem Moment Eleganz und Weiblichkeit ausstrahlt. Im
›Juxbaron‹ war sie davon weit entfernt, und Reinhold
Schünzel durfte sich erlauben, sich bei ihrem Gesang de-
monstrativ die Ohren zuzuhalten. An der Kasse mag der
Film ein Erfolg gewesen sein, für Marlenes Karriere war
er es nicht.

Rudolf Sieber begann 1927 als Regieassistent beim Sen-
sationsdarsteller Harry Piel. Piel war Schauspieler, Regisseur und später auch Produzent in einer Person; sein cha-
rakteristisches Merkmal bestand darin, von den zehner
Jahren bis zum Anfang der fünfziger immer dieselben Filme zu drehen, in denen er als Held mit wunderbaren und
obskuren Maschinen oder Kunststücken brillierte. Ob Marlene Dietrich ihren Mann zu Harry Piel brachte oder ob
Sieber Marlene ein Engagement verschaffte, ist unklar.
Piel spielte in ›Sein größter Bluff‹ einen Detektiv, Marlene war die Edelkomparsin und für den Hauptdarsteller
wie für die Zuschauer nicht mehr als ein austauschbarer
Bühnenschmuck.

›Sein größter Bluff‹ war für Marlene ein Brotfilm wie
viele andere auch. Er brachte sie nicht weiter, aber er
schadete ihr auch nicht sonderlich. Kaum denkbar, daß
sie von ernsthaften Produzenten oder Regisseuren für eine
wichtige Rolle in Betracht gezogen worden wäre.

Es ist nicht genau auszumachen, wann die Eheleute Sieber sich auseinandergelebt hatten. Rudi war als Aufnahmeleiter oft und lang von zu Hause weg, und Marlene sah es
nicht als ihren Lebensinhalt an, die Wohnung in Ordnung
zu halten und still auf seine Rückkehr zu warten. Eine erste
ernsthafte Affäre mag es zwischen ihr und Rudolf Forster

Harry Piel (1892–1963), deut-
scher Schauspieler, Autor,
Produzent und Regisseur von
Sensationsfilmen

Sein größter Bluff. Deutsch-
land 1927. Regie: Harry Piel;
Buch: Henrik Galeen; Kamera:
Georg Muschner, Gotthardt
Wolf. Mit Harry Piel (Henry
und Harry Devall), Tony Tetz-
laff (Madame Andersson), Lotte
Lorring (Tilly, ihre Tochter),
Marlene Dietrich (Yvette) u. a.

gegeben haben, der ihr Anfang der dreißiger Jahre die
sehnsüchtigen Zeilen schickte: »Schiffe, die sich nicht mal
nachts begegnen.« Rudi Sieber seinerseits hatte eine Beziehung mit der Tänzerin Tamara Matul angeknüpft. Tamara
war mit Marlene in ›Von Mund zu Mund‹ aufgetreten und
gehörte zu einer Clique von lebenslustigen jungen Damen,
die im Film auch schon mal tageweise als Komparsen aus-
halfen. Während der Dreharbeiten zu der historischen Reminiszenz ›Luther‹ (Deutschland 1927; Regie: Hans Kyser)
war die Liaison zwischen Rudi Sieber und ihr bereits
kein Geheimnis mehr. Sieber arbeitete hauptsächlich in
Berlin, Marlene dagegen machte sich auf den Weg nach
Wien. In Berlin war sie auf einen Typ festgelegt. Vielleicht
gelang ihr außerhalb der Heimatstadt ein Neuanfang.

Wien wurde nicht zum Wendepunkt ihrer Karriere. In
den Wiener Kammerspielen und dem Theater in der Josef-
stadt spielte sie in den Stücken ›Broadway‹ und ›Die Schule von Uznach‹ ein Girl unter vielen, eine Schülerin unter
anderen. Dem Autor und Kritiker Felix Salten, der seine
Phantasien mit gleichem Erfolg in ›Bambi‹ und ›Josefine
Mutzenbacher‹ niederschrieb, fiel die Schauspielerin aus
Berlin jedoch auf. »Von den Mädchen war Marlene Dietrich
dem Äußeren nach am ehrlichsten der Typ, der gezeigt
werden soll: schöne, triebhafte Weibsjugend, die gedanken-
los plappert.« Das war ein eher zweifelhaftes Kompliment.
In Wien ließ Marlene ebenfalls kein Engagement aus; neben den zwei Theaterstücken arbeitete sie auch im Film.
Unter dem jungen Regisseur Gustav Ucicky, der später in
Berlin vor und nach Hitlers Machtübernahme seine Begabung den Erfordernissen der Zeit anzupassen wußte, dreh-

In meinem letzten Film bin ich meinem Genre treu geblieben. Ich
spiele zwar ein Mädchen aus gutem Hause, dennoch lassen ihre
moralischen Qualitäten manches zu wünschen übrig. Aber, da
kann man nichts machen.
    ›Man darf nie »Nein« sagen‹, in: ›Mein Film‹, Wien, Nr. 100 (1927)

te sie 1927 ›Café Electric‹. Der Film basiert auf dem Theaterstück ›Die Liebesbörse‹ von Felix Fischer und lief in Deutschland unter dem reißerischen Titel ›Wenn ein Weib den Weg verliert‹.

In Wien bewegte sie sich in einem Kreis junger, filmbegeisterter Menschen. Zu ihnen gehörten neben Gustav Ucicky der Regisseur Karl Hartl, der Drehbuchautor Walter Reisch, der später nach Hollywood emigrierte und dort mit Drehbüchern für Billy Wilder und Ernst Lubitsch Erfolg hatte, und die Schauspieler Igo Sym und Willi Forst. Mit Marlene Dietrich erlebte Forst eine stürmische Liebesaffäre, von der er sich lange Zeit nicht erholen sollte. Er war krank vor Sehnsucht und schrieb lange Jahre brennende Liebesbriefe nach Hollywood.

22 Igo Sym und Marlene Dietrich in ›Café Electric‹

Igo Sym (1896–1941) hatte im österreichischen und deutschen Film Erfolg und trat auch auf der Operettenbühne auf. Ab 1932 setzte er seine Karriere in Polen fort; nach dem deutschen Überfall auf Polen kollaborierte er mit der Gestapo und wurde am 7. März 1941 von einem Exekutionskommando der polnischen Untergrundregierung erschossen. Marlene behielt die Singende Säge. Als sie 1944 zur Betreuung der amerikanischen

Igo Sym spielte in ›Café Electric‹ einen jungen, charmanten Liebhaber. Er beherrschte das Spiel auf der Singenden Säge, einem ungewöhnlichen und eher dem Varieté angemessenen Musikinstrument. Marlene war vom Spiel der Singenden Säge fasziniert, und Sym schenkte ihr als Erinnerung an die gemeinsamen Erlebnisse in Wien eine Singende Säge zum Abschied.

Im März 1928 war Marlene zurück in Berlin und nahm ihr altes Leben wieder auf. Mit Theaterengagements, Filmrollen und Werbeaufnahmen verdiente sie schon mehr Geld als ihr Mann, mit dem sie wieder zusammenwohnte. Sie erschien auf Bällen, auf Empfängen, sie war der Prototyp des Berliner »Girls« der zwanziger Jahre, frech, sexy und raffiniert. Für den renommierten Filmregisseur Georg Wilhelm Pabst, der per Zeitungsartikel eine Lulu für seine Wedekind-Verfilmung ›Die Büchse der Pandora‹ suchte, war sie sogar zu sexy. Er hielt sie für etwas »nuttig« und engagierte statt ihrer die Amerikanerin Louise Brooks, die Marlene an erotischer Aktivität in keiner Weise nachstand. Marlene hatte jetzt schon mit allen Größen des Berliner Theaterlebens auf der Bühne gestanden, aber ihr schauspielerisches Talent stand in keinem Verhältnis zu ihren körperlichen Vorzügen. In Heinz Hilperts Inszenierung ›Eltern und Kinder‹ mit Otto Walburg und Heinz Rühmann konstatierte ein Kritiker an ihr »eine Art zu sitzen, die man nicht gerade als sehr dezent bezeichnen kann. Wenn sie weniger zeigte, wär's auch noch genug.« Aber warum nur? Marlene lebte gut, sie veröffentlichte sogar eine erste Schallplatte aus der Revue ›Es liegt in der Luft‹, in der ebenfalls eindeutige Zweideutigkeiten vorgetragen

Truppen nach Europa reiste, nahm sie das Instrument mit. Niemand wußte, was sie mit einer Säge im Gepäck wollte. Mit der Erklärung, daß es sich um ein Musikinstrument handelte, erntete sie skeptische Gesichter. Als sie dann die Säge auspackte und zwischen ihre Beine klemmte, hatte sie die Leitung der Truppenbetreuung schon allein mit diesem Akt überzeugt: Die Soldaten würden vor Begeisterung toben. Und so war es auch.

Ich glaube, Marlene war Sex vollkommen gleichgültig. Sie machte sich nicht viel aus Männern oder Frauen, war selbst nicht mal besonders sexy – das alles kam erst zum Vorschein, wenn sie vor der Kamera stand. Sie wirkte wie ein glamouröser Filmstar. In unserer Show, wo sie zuerst entdeckt wurde, gab es einen alten Schauspieler, der immer sagte: »Aus ihr wird mal ein ganz großer Star.« Dabei waren wir allesamt Klassemädchen. Jede für sich stand am Anfang einer Karriere. Und sie war eine von uns. Aber sie kleidete sich anders. Ihre männlichen Groupies warteten am Bühneneingang. Verehrer hatten wir alle, aber sie konnte sich welche aussuchen. Wenn sie aus dem Theater kam, standen sie alle da. Niemand wußte, wer sie war. Sie machte nicht mehr und nicht weniger als wir anderen auch. Aber für die Männer war sie das, was man ein Haremartico nannte – die Herrenabteilung eines Kaufhauses. Sie nannten sie »Phallusauge«.

Ruth Albu, 1928, Schauspielkollegin in ›Broadway‹

wurden. Mit der Diseuse Margo Lion sang sie das Lied von der »besten Freundin«. Auf der Bühne traten beide in den gleichen Kleidern auf, die Schultern mit einem Veilchenstrauß geschmückt. »Ich wußte damals nichts von der Bedeutung dieser Sträuße. Ich liebte Veilchen, das war alles«, behauptete Marlene später in ihren Memoiren und spielte damit ihre offensichtliche und vorbildlich gelebte Kompetenz in allen Fragen der Erotik herunter. Nicht so bekannt wie ›Das Lied von der besten Freundin‹ ist das Duett der ›Kleptomanen‹, das sie mit Hans Carl Müller vortrug. »Wir tun's«, so heißt es, »aus sexueller Not.« Die Behauptung, daß sie davon nichts wußte, hätte man ihr abnehmen dürfen.

An der Jahreswende 1928/1929 diskutierte die Berliner Filmwelt, ob der aus Amerika kommende Tonfilm eine Zu-

Café Electric. (Deutscher Verleihtitel: ›Wenn ein Weib den Weg verliert‹) Österreich 1927. Regie: Gustav Ucicky; Buch: Jacques Bachrach nach dem Theaterstück ›Die Liebesbörse‹ von Felix Fischer; Kamera: Hans Androschin; Bauten: Artur Berger. Mit Willi Forst, (Ferdl), Marlene Dietrich (Erni Göttlinger), Fritz Alberti (Kommerzialrat Göttlinger, ihr Vater), Igo Sym (Max Stöger, Architekt) u. a.

kunft hätte. Die Warner Bros. hatten in Amerika große Erfolge mit ihren ersten Tonfilmen erzielt. In Berlin war man unschlüssig, ob sich die neue technische Errungenschaft durchsetzen oder nur eine Modeerscheinung sein würde. Ganz eindeutig aber war der Tonfilm eine Sensation, und Sensationen finden ihr Publikum. An der Seite des schon etwas angegrauten Frauenlieblings Harry Liedtke drehte Marlene gerade den Film ›Ich küsse Ihre Hand, Madame‹. Die gut besetzte und von Robert Land mit leichter Hand inszenierte Boulevardkomödie stellte Marlene Dietrich als Madame, der die Hand geküßt wird, nur im Titel in den Mittelpunkt. In Wirklichkeit ging es um eine Haremsphantasie des schönen Harry Liedtke, um Klassen- und

23 Szene aus ›Ich küsse Ihre Hand, Madame‹ mit Marlene Dietrich und Harry Liedtke

Ich küsse Ihre Hand, Madame. Deutschland 1929. Buch und Regie: Robert Land nach einer Originalgeschichte von Robert Land und Rolf E. Vanloo; Kamera: Carl Drews, Gotthardt Wolf; Kameraassistent: Fred Zinnemann; Bauten: Robert Neppach. Mit Harry Liedtke (Jacques, Oberkellner), Marlene Dietrich (Laurence Gérard), Karl Huszar-Puffy (Talandier, ihr Rechtsanwalt) u. a.

Standesunterschiede, die mit einigen dramatischen Kapriolen weggezaubert werden, und um einen dicken, kleinen Mann (Karl Huszar-Puffy), der als Knallcharge das
Liebespaar um so lieblicher erscheinen läßt.

Immerhin spielte Marlene die Hauptrolle, agierte in teu-
ren Garderoben und wird umschwärmt. Der Kritiker Hanns
G. Lustig nannte sie »eine liebenswürdige Bürgschaft auf
die Zukunft«; eine Sensation oder auch nur eine Entdek-
kung war sie nicht. Als Sensation stellte die Werbung vielmehr eine Tonfilmeinlage heraus; Richard Tauber hatte nach
den Dreharbeiten lippensynchron zu einer Stehgesangs-
einlage das Titellied auf Platte gesungen – und diese Aufnahme erklang nun während des Films als Tonfilmsimula-
tion. Das hatte wenig mit den aktuellen Tonfilmen aus
Amerika zu tun, sondern mehr mit einem alten Verfahren,
das bereits in den zehner Jahren in Deutschland verbreitet war, als die Filme noch kurz und anspruchslos waren.
Dieser neue Film war länger, technisch besser, aber im Anspruch nicht viel höher angesiedelt. Fred Zinnemann, der
1930 nach Hollywood gehen und mit ›From Here to Eterni-
ty‹ (›Verdammt in alle Ewigkeit‹) und ›High Noon‹ (›Zwölf
Uhr mittags‹) berühmt werden sollte, lernte hier als Assi-
stent das Handwerk. Für Anfänger hatte der Film die richtige Dimension.

Marlene kannte den weit-
aus berühmteren Tauber bereits aus dem Geschäft ihres Onkels Willi Felsing.
Onkel Willi hatte inzwi-
schen die schöne und welt-

24 Willi und Jolly Felsing

25 Kurt Bernhardt und
Marlene Dietrich in einer
Drehpause ▶

erfahrene Martha Helene Teich, genannt Jolly, geheiratet. Seine Privatwohnung lag im unteren Stockwerk des Hauses in der Tiergartener Liechtensteinallee; im oberen wohnte vor seiner Abreise nach Amerika bis 1928 der Schauspieler Conrad Veidt. Durch Jolly Felsing kam ein Hauch Weltläufigkeit ins Leben der Familie; man feierte nun auch in der Familie Felsing rauschende Feste und gab feierlich getönte Empfänge. In dieser Gesellschaft war Marlene gern zu Gast; sie war kein Kind von Traurigkeit, und die hier geknüpften Kontakte konnten nicht schaden.

Mit ›Ich küsse Ihre Hand, Madame‹ hatte Marlene Dietrich bewiesen, daß ihre schauspielerische Kompetenz auch eine Hauptrolle ausfüllen konnte. Der junge Regisseur Kurt Bernhardt war der erste, der sie für eine anspruchsvolle und facettenreiche Rolle auswählte. Bernhardt galt als ein junges, aufstrebendes Talent; seit 1924 hatte er sieben Filme gedreht und war von der angesehenen Produktionsfirma Terra für die Verfilmung des Max-Brod-Romans ›Die Frau, nach der man sich sehnt‹ engagiert worden. Bei der Besetzung der weiblichen Hauptrolle ließ man ihm freie Hand.

> Ich erinnerte mich, daß ich in der Komödie am Kurfürstendamm eine junge Schauspielerin gesehen hatte, die mir sehr viel Eindruck gemacht hatte. Sie spielte in einem Stück von Bernard Shaw, ›Eltern und Kinder‹. Als ich sie der Direktion der Terra-Film für die Hauptrolle vorschlug, stieß ich auf stärksten Widerstand, denn sie war in Filmkreisen völlig unbekannt. Fritz Kortner auf der anderen Seite war ein bekannter Bühnenschauspieler, der am Staatstheater Hauptrollen spielte und sofort akzeptiert wurde. Nach einer längeren Diskussion gab man mir nach und engagierte Fräulein Dietrich für die Hauptrolle.
>
> ›Kurt Bernhardt‹, Film von Christian Blackwood, 1978

Bernhardt war der erste, der Marlene Dietrichs wahres Talent für die Kamera entdeckte. Hinzu kam, daß das Team – Regisseur und Kameramann waren beide erst 30 Jahre alt – sich in seiner Lust an einer durchstilisierten Bildsprache deutlich unterschied von den Routiniers, mit denen Marlene Dietrich vorher gearbeitet hatte. Die Handlung des Films ist von stark melodramatischen Elementen durchsetzt. Henri (Uno Henning) soll die von ihm und seinem Bruder geleitete Fabrik durch eine reiche Heirat vor dem Bankrott retten. Auf der Hochzeitsreise verliebt er sich in Stascha (Marlene Dietrich), die mit ihrem Geliebten Dr. Karoff (Fritz Kortner) auf der Flucht vor der Polizei ist. Henri verläßt seine frisch angetraute Frau, um mit Stascha zu fliehen; die aber wird von Karoff erschossen, als die Polizei diesen verhaften will. Resigniert kehrt Henri in den Schoß seiner Familie zurück.

Zentrale Themen dieses letzten Stummfilms von Kurt Bernhardt waren die Perspektivlosigkeit, die Gefangenschaft der jungen Generation im System der Eltern und die

Die Frau, nach der man sich sehnt. Deutschland 1929. Regie: Kurt Bernhardt; Buch: Ladislaus Vajda nach dem gleichnamigen Roman von Max Brod; Kamera: Kurt Courant, Hans Scheib. Mit Marlene Dietrich (Stascha), Fritz Kortner (Dr. Karoff), Frida Richard (Frau Leblanc) u. a.

Versuche, diesem System zu entfliehen. Marlene, die »Frau, nach der man sich sehnt«, ist das Ziel dieses Fluchtversuchs. Bernhardt inszeniert sie als eine von Glanz und Geheimnis umgebene erotische Verlok-
kung. In der ersten Begegnung mit Henri sieht er zu ihr auf wie zu einer leuchtenden Erscheinung. Nebel steigt von einem Bahnsteig auf, die Jalousie eines Abteils wird hochgezogen, und in einem von Eisblumen gefaßten Rahmen taucht das Gesicht von Marlene Dietrich auf. Kurz darauf wird die Jalousie von Dr. Karoff geschlossen. Es ist, als sei Henri einer flüchtigen Vision begegnet, die Verbot und Verführung zugleich assoziiert. Marlene Dietrich spielt verhaltener und konzentrierter als in ihren früheren Filmen, sie inszeniert sich schon selbst, sucht den Schatten, aus dem sie ihren Auftritt inszeniert. »Was mich an Marlene faszinierte«, so Bernhardt im Interview, »war ihre persönliche Ausstrahlung als eine besonders schöne und erregende Frau. Es war eine erotische Atmosphäre um sie, die ich an keiner anderen Schauspielerin in diesen Jahren feststellen konnte … Sie spielte die Rolle mit Hingabe und vielen Verzögerungen.«

26, 27 Fritz Kortner blickt auf Marlenes Beine

28 Marlene bei den Dreharbeiten von ›Das Schiff der verlorenen Menschen‹

Die Verzögerungen waren in den Filmen, die Josef von Sternberg in Hollywood mit Marlene drehte, eines der Spannungsmomente, mit denen der Regisseur seinen Star interessant und geheimnisvoll machte. Die zeitgenössische Kritik aber senkte den Daumen über diese neue Dietrich und charakterisierte ihre Spielweise als Starrheit und Kälte. Greta Garbo war die Frau, nach der man sich in der deutschen und internationalen Filmwelt schnte; und an diesem Maßstab zu scheitern, war wahrlich keine Schande.

›Die Frau, nach der man sich sehnt‹ war für Marlene ein singulärer künstlerischer Erfolg. Ihr nächster Film, annonciert als Großproduktion, war ein künstlerischer wie geschäftlicher Flop. ›Das Schiff der verlorenen Menschen‹, wieder mit Fritz Kortner als Gegenspieler und inszeniert von Maurice Tourneur, dümpelte haltlos in einem Meer von Langeweile und provozierte schon am Tag nach der Premiere ein gellendes Pfeifkonzert des Publikums. Marlene und Kortner, die sich eigentlich vor dem Publikum verbeugen wollten, gingen erst gar nicht auf die Bühne.

[Marlene Dietrich] nahm Anteil an meiner Arbeit, weil ich ein Freund war. Später, als die Nazis immer näher rückten, streckte ich meine Fühler nach Amerika aus. Von Sternberg war einer der wenigen Leute, die ich dort kannte. Ich schrieb und bat ihn, mir zu helfen, Regisseur in Hollywood zu werden. Seine Antwort lautete kurz und arrogant: »Sie wollen nach Hollywood kommen, Mr. Bernhardt? Ich frage mich nur, als was?«
Kurt Bernhardt, in: ›Die Kinowelt des Curtis Bernhardt‹. München 1982

Mit ihrem dritten, im Jahr 1929 gedrehten Film ›Gefahren der Brautzeit‹ kehrte sie zurück in ihr altes Fach der Kokotte. Willi Forst, der in diesem Film die männliche Hauptrolle spielte, ließ sie möglicherweise über das schlechte Manuskript und die ärmliche Produktion hinwegsehen.

Mit nahezu 28 Jahren, nach unzähligen Theaterauftritten und 17 Filmen, bewegte sich Marlene Dietrich immer noch in den ganz und gar seichten Gefilden der Vorstadtkino-Phantasien. Sie war kein Star geworden, bestenfalls ein Sternchen mit leicht verderbtem, erotischem Charme. Ihre spätere Behauptung, daß sie im deutschen Film keine Hauptrollen gespielt habe, trifft durchaus zu, wenn man den Terminus nach ihren eigenen Kriterien definiert – als die Rollen, die die konzentrierte Aufmerksamkeit des Publikums auf sich ziehen. 1929, am Ende der Stummfilmzeit, war Marlene Dietrichs deutsche Karriere nicht an einem Endpunkt angelangt. Aber wer sich auskannte im deutschen Film, dürfte auf ihre Zukunft keinen großen Scheck ausgestellt haben.

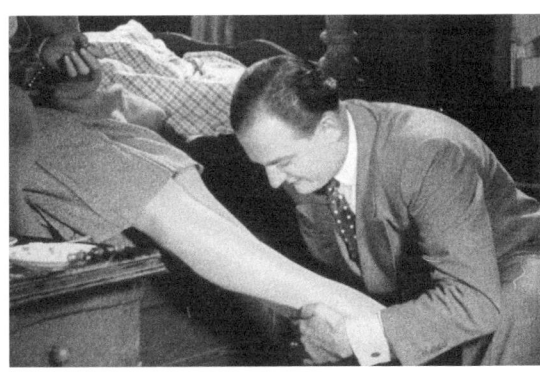

29 Willi Forst und die Beine von Marlene

Das Schiff der verlorenen Menschen. Deutschland 1929. Regie und Buch: Maurice Tourneur, nach dem Roman von Franzos Keremen; Kamera: Nikolaus Farkas. Mit Fritz Kortner (Kapitän Fernando Vela), Marlene Dietrich (Ethel Marley), Robert Irvine (T. W. Cheyne) u. a.

Gefahren der Brautzeit. Deutschland 1930. Regie: Fred Sauer; Buch: Walter Wassermann, Walter Schlee; Kamera: László Schäffer. Mit Willi Forst (Baron van Geldern), Marlene Dietrich (Evelyne), Lotte Lorring (Yvette), Ernst Stahl-Nachbaur (Mc-Clure) u. a.

Lola Lola

Die Entdeckung von Marlene Dietrich für den ›Blauen Engel‹ ist ein Stoff, aus dem Legenden gesponnen werden. Glaubt man der Memoirenliteratur, so gab es fast niemanden, der Ende der zwanziger Jahre in Berlin nicht auf die Gelegenheit wartete, ihr zum Erfolg zu verhelfen. Daran ist natürlich kaum ein wahres Wort.

Die Geschichte des ›Blauen Engel‹ begann bereits weit vor Marlene Dietrichs Geburt. In Lübeck, der Heimatstadt der Schriftsteller Heinrich und Thomas Mann, gab es bereits 1889 ein Lokal mit dem Namen ›Im blauen Engel‹. In der Hafenstadt sind auch Roman und Film angesiedelt. 1904 las Heinrich Mann in Florenz eine Meldung aus Berlin: Im Alter von 60 Jahren hatte ein Professor der Hochschule eine junge Sängerin geheiratet, gründete mit ihr ein Cabaret und feierte in seinem Haus rauschende Feste – und dies alles auf Pump. Der Professor wurde wegen Kuppelei und Betrugs verhaftet.

30 Marlene Dietrich in einer Drehpause am Schminktisch

Diese Geschichte verlegte Heinrich Mann in ›Professor Unrat‹ nach Lübeck und rechnete dabei mit den Lehrern seiner Schulzeit ab. Die ätzend böse Satire auf die Welt der Spießbürger war von 1905, dem Erscheinungsjahr des Buches, bis 1930 kein großer Erfolg. Seit der Premiere des Films ›Der blaue Engel‹ aber gehört der Roman ›Professor Unrat oder Das Ende eines Tyrannen‹ zu den Klassikern der Literatur und ist in viele Weltsprachen übersetzt worden.

Bereits 1923 sprach der Schauspieler Emil Jannings mit Heinrich Mann über eine Verfilmung. Daraus wurde aber nichts. Jannings war in Deutschland und Europa bereits ein gefeierter Star und lernte 1925 in Berlin den jungen, in Österreich geborenen Regisseur Josef von Sternberg kennen. Josef von Sternberg war bereits 1908 in die USA ausgewandert und feierte 1924 gleich mit seinem ersten Film ›The Salvation Hunters‹ einen sensationellen Erfolg. 1925 machte er eine Reise durch Europa; der Autor und Industrielle Karl Vollmoeller arrangierte für ihn das Treffen mit Jannings.

Ein Jahr darauf wurde auch Jannings von Hollywood engagiert. Sein 1925 gedrehter Film ›Varieté‹ (Regie: E. A.

Josef von Sternberg (29. Mai 1894, Wien – 22. Dezember 1969, Los Angeles). Filmregisseur, Produzent, Kameramann, Übersetzer, Kunstsammler. Dreht 1924 seinen ersten Film ›The Salvation Hunters‹. Ein im Auftrag von Charles Chaplin hergestellter Film ›The Sea Gull‹ wird nie veröffentlicht. Mit dem Film ›Underworld‹ etabliert sich Sternberg 1927 endgültig in Hollywood. Nach seiner Arbeit mit Marlene Dietrich konnte Sternberg nur noch einen Film drehen, bei dem er die volle künstlerische Kontrolle hatte: ›The Saga of Anatahan‹ (1953).

Emil Jannings (23. Juli 1884, Rorschach, Schweiz – 2. Januar 1950, Wolfgangsee, Österreich). Schauspieler. Begann 1915 beim Deutschen Theater in Berlin und arbeitete ab 1916 im Film. Er wurde nach dem Ersten Weltkrieg zu einem der bekanntesten und höchstbezahlten deutschen Schauspieler. 1926–1929 arbeitete er in Hollywood, nach 1933 paßte er sich dem nationalsozialistischen Regime an und wurde vielfach ausgezeichnet.

Dupont) galt als eine sensationelle Entdeckung und Jannings avancierte in Hollywood zu einem der höchstbezahlten Schauspieler der Welt. Vor ihm war unter anderem schon der Regisseur Ernst Lubitsch nach Amerika gegangen und hatte sich dort fest etabliert. Jannings drehte in Hollywood mit Lubitsch, aber auch mit Sternberg. Für seine herausragende schauspielerische Leistung im Sternberg-Film ›The Last Command‹ erhielt Emil Jannings den ersten jemals an einen Schauspieler verliehenen Oscar.

Erich Pommer, als Produktionschef der Ufa unter anderem auch verantwortlich für ›Varieté‹, arbeitete 1926 ebenfalls in Hollywood. Jannings, Lubitsch, Sternberg, Pommer und Vollmoeller trafen dort gelegentlich zusammen; sie wußten, daß sie gemeinsam hervorragende und vor allem finanziell ertragreiche Filme produzieren konnten – was nicht unbedingt bedeutete, daß sie sich auch persönlich schätzten.

Im Jahr 1928 war Pommer wieder in Berlin. Die Ufa beauftragte ihn, Emil Jannings nach Deutschland zurückzuholen. Trotz der hohen Gagen fühlte sich Jannings in Hollywood als Fremder und akzeptierte schließlich Pommers Vorschlag. Ihn trieben nicht nur das Heimweh und die in Aussicht gestellte Gage von 70 000 Mark nach Deutschland zurück. Nachdem 1927 und 1928 die Tonfilme ›The Jazz-Singer‹ und ›The Singing Fool‹ in Amerika alle Kassenrekorde gebrochen hatten, stellte sich die Filmindustrie auf den Tonfilm um – doch Jannings beherrschte die englische Sprache nicht so perfekt, wie es für Filme in den USA nötig gewesen wäre.

Der **Oscar** oder besser »Academy Award« gilt als der wichtigste Filmpreis. Er wurde erstmals am 16. Mai 1929 vergeben. Seit 1934 wird die Statuette »Oscar« genannt.

In Deutschland hatte man 1929 noch keine großen Erfahrungen mit der Tonfilmtechnik. In nur fünf Monaten – von Mai bis September 1929 – baute die Ufa in Babelsberg neue, speziell für Tonaufnahmen eingerichtete Ateliers, aber wer sollte den wichtigen ersten Tonfilm mit Emil Jannings drehen? Sternberg hatte bereits mit dem Schauspieler einen Erfolgsfilm gemacht und gerade in den USA seinen ersten Tonfilm ›Thunderbolt‹ abgedreht. Sternbergs

Gagenforderung war deutlich niedriger als die von Lubitsch. Also wurde Sternberg engagiert.

Als Josef von Sternberg und seine Frau am 16. August 1929 in Berlin eintrafen, schlug Jannings zunächst einen Film über Rasputin vor; Sternberg ließ sich nicht überrumpeln und lehnte ab. Schon am nächsten Tag einigte man sich auf die Verfilmung von ›Professor Unrat‹. Für die Arbeit am Drehbuch wurden die Theaterautoren Carl Zuckmayer und Karl Vollmoeller verpflichtet. Ihnen wurde von der Ufa der Drehbuchroutinier Robert Liebmann beigestellt. Von August bis Oktober entstanden drei verschiedene Drehbuchfassungen, deren letzte Sternberg beim Drehen nochmals veränderte.

31 Emil Jannings posiert mit Sternberg für die Fotografen in Berlin.

32 Carl Zuckmayer (Mitte) unterzeichnet den Drehbuchvertrag in
Gegenwart von Erich Pommer (links) und Emil Jannings.

Neben allen technischen Problemen des Tonfilms gab es
noch eine Schwierigkeit. Beim Stummfilm brauchte man
nur die Zwischentitel zu übersetzen, und schon hatte man
eine fremdsprachige Fassung. Beim Tonfilm war das nicht
möglich, und mit der Synchronisation war man noch nicht
vertraut. Außerdem konnte Jannings nicht plötzlich mit
fremder Stimme sprechen. Deshalb entschloß sich die Ufa,
gleichzeitig eine deutsche und eine englische Fassung zu
drehen und machte aus dem Lateinlehrer des Buches einen Englischlehrer.

Im September 1929 hatten zwei neue Theaterstücke in
Berlin Premiere. Das Sozialdrama ›Cyankali‹ von Friedrich

Seit der Erfindung des Films hat-
te man auch das Problem des
Tonfilms zu lösen versucht. In
Deutschland produzierte Oscar
Messter 1902 Tonbilder, in denen
Schauspieler nach Schallplatten
agierten. In Frankreich präsen-
tierte die Gaumont 1906 ihr
Chronophone, in England führte
Cecil Hepworth 1909 das Viva-
phone vor. 1919 lassen die Deut-
schen Hans Vogt, Jo Engl und
Joseph Massolle ein Verfahren
zur Fixierung des Tons auf dem
Filmstreifen mittels Licht paten-
tieren und nennen ihre Firma
Triergon. 1922 zeigen sie die er-
sten Filme in dieser Technik,

Wolff im Lessing-Theater mit der »Gruppe Junger Schauspieler« und die Revue ›Zwei Krawatten‹ von Georg Kaiser. Josef von Sternberg sah sich die beiden Stücke an und entschied: Aus ›Cyankali‹ wurden Ilse Fürstenberg (die Wirtschafterin des Professors), Ludwig Roth (der Pedell der Schule), Gerhard Bienert (der Clown) und Reinhold Bernt (der Schupo) verpflichtet; aus ›Zwei Krawatten‹ engagierte er Rosa Valetti (die Sängerin Guste) und Hans Albers (Mazeppa, Kraftkünstler) für den ›Blauen Engel‹.

Marlene Dietrich, ebenfalls im Ensemble der Revue ›Zwei Krawatten‹, ließ Sternberg zu Probeaufnahmen für die Rolle der Lola Lola kommen. Ihre Chancen standen nicht gut. Ein Ufa-Mitarbeiter brachte die Meinung auf den Punkt: »Sie hat einen schönen Popo, aber brauchen wir nicht auch ein Gesicht?« Sternberg jedoch bestand auf dem Engagement von Marlene.

Der Rest ist Geschichte: Aus dem Emil-Jannings-Film wurde ein Marlene-Dietrich-Film, aus der unbekannten Schauspielerin ein Weltstar. Von November 1929 bis zum 22. Januar 1930 dauerten die Dreharbeiten, am 11. Februar verließ Josef von Sternberg Berlin in Richtung Amerika; zwei Tage später unterschrieb Marlene Dietrich einen Vertrag mit der Paramount in Hollywood. Sydney R. Kent, Generaldirektor der Paramount, war auf Talentsuche in Berlin und engagierte die unbekannte Dietrich auf Anraten Sternbergs. Am 1. April 1930 um 20 Uhr hatte der ›Blaue Engel‹ seine Weltpremiere. Das war gleichzeitig die Geburtsstunde der Legende Marlene; sie aber bekam davon nur wenig mit. Noch am Premierenabend ging es von Berlin aus nach Hollywood, einer glanzvollen Karriere entgegen.

doch die deutsche Filmindustrie lehnt die Resultate ab. Im Oktober 1925 erwirbt William Fox die Triergon-Patente für die USA. 1926 zeigen die Warner Bros. den ersten Vitaphone-Spielfilm ›Don Juan‹; der Ton kommt komplett von Schallplatten. Ab 1927 zeigt Fox seine Wochenschauen mit Ton. Zur selben Zeit hat der Warner-Tonfilm ›The Jazz Singer‹ einen phänomenalen Erfolg. 1928 wird in Deutschland die Tobis zur Auswertung der Triergon-Patente gegründet. 1929 werden weltweit Ateliers und Kinos auf die Tonfilmtechnik umgerüstet.

Der ›Blaue Engel‹ wird oft als eine Paraphrase auf die alte Geschichte des rechtschaffenen Mannes, der einer *femme fatale* zum Opfer fällt, definiert. Aber von einem Vorbild an Rechtschaffenheit ist Professor Rath weit entfernt. Jannings charakterisiert den Lehrer mit großer mimischer Kraft als ein hinterhältiges Ungeheuer, das nur darauf aus ist, einen Schüler zu erwischen. Allein sein stechender Blick löst beim Klassenprimus mit dem sinnfälligen Namen »Angst« Panik aus. Die Macht des Professors basiert auf der Ausübung reiner Willkür; keiner der Schüler weiß genau, wen er als nächsten demütigen wird.

Ganz anders dagegen die Welt der Lola Lola. Sie steht auf der Bühne, grell ausgeleuchtet, den Blicken aller Besucher ausgesetzt. Diese Welt betritt der Professor, noch im Dunkeln des Zuschauerraums, auf der Suche nach seinen Schülern. Lola Lola singt: »Kinder, heut abend, da such ich mir was aus, einen Mann, einen richtigen Mann.« Und sie richtet den Scheinwerfer auf den Professor, der nun wie ein gefangener Fisch im Netz zappelt. Sternberg verknüpft zwei unterschiedliche Welten, indem er ihr Prinzip umkehrt. Der Professor, der wie seine Schüler lieber unentdeckt geblieben wäre, wird »vorgeführt« und »ins Licht gebracht«. Aber anders als der Professor handelt Lola Lola, deren Postkarte er vorher heimlich angesehen hat, im vollen Licht der Öffentlichkeit. Sie betreibt das Spiel der Erotik, dessen Gesetze der Professor nicht versteht. Eben daran wird er zugrunde gehen.

Noch bevor Lola Lola das erste Mal leibhaftig zu sehen ist, stattet Sternberg sie mit einer Reihe imaginärer Attribute aus. Er stimuliert die Phantasie, ohne das Objekt der

---

Das Klassenzimmer war die Höhle eines schrecklichen Ungeheuers mit Bart und stechenden Augen. ... Unser Peiniger schritt drohend mit dem Stock in der Hand durch die Klasse, roch an jedem Schüler und entdeckte schnell einen Übeltäter, den er mit Triumphgebrüll aus der Bank zerrte und zum Katheder schleppte, das nur zum Zweck der Bestrafung diente.

Josef von Sternberg, ›Fun in a Chinese Laundry‹,
New York 1965 (dt. München 1991)

33, 34   Fotos: Rath und Postkarte

Imagination zu zeigen. Und so dominiert bei Sternberg das, was man nicht sieht, über das, was gezeigt wird.

Der erste Auftritt Lola Lolas findet im verborgenen statt. Die Schüler in Raths Klasse betrachten heimlich ihre Star-Postkarte, ohne daß der Zuschauer selbst sie zu Gesicht bekommt – die Inszenierung verleiht ihr die Aura des Geheimen, des Verborgenen. Als Rath in seiner Wohnung die konfiszierte Postkarte Lola Lolas in der Hand hält, bewegt sich dieses Bild. Das angeklebte Röckchen hebt sich unter dem pustend-geilen Blick des Professors. Wieder darf Jannings schauspielern: Mit verstohlenen Blicken nach links und rechts vergewissert sich Rath in seiner eigenen Wohnung, daß er allein ist. Denn nun entdeckt er seine geheimen erotischen Wünsche. Und die Heimlichkeit, die Rath an den Tag legt, demontiert zugleich seine Autorität. Erst von der Postkarte mit dem hochgepusteten Röckchen blendet Sternberg über in das Lokal ›Der blaue Engel‹ und auf Marlene Dietrich, in deren Erscheinung nunmehr alle Projektionen gebündelt sind, die Sternberg und Jannings als sein unwissentliches Werkzeug aufgebaut haben.

Friedrich Hollaender hat die berühmten Songs geschrieben, die Marlene noch Jahrzehnte später in ihren Bühnenshows sang. Die Tonebene funktioniert aber auch wie ein unterschwelliger Kommentar zu den Bildern. Die Turmuhr, in der zur vollen Stunde eine Spieluhr das Lied »Üb immer Treu und Redlichkeit / bis an dein kühles Grab. / Und weiche keinen Fingerbreit / von Gottes Wegen ab« intoniert, könnte auch Mozarts Papageno-Arie meinen: »Ein Männchen oder Weibchen wünscht Papageno sich – ja, so ein sanftes Täubchen wär Seligkeit für mich.« Die

Der blaue Engel. Deutschland 1929/30. Regie: Josef von Sternberg; Produktion: Erich Pommer für Ufa; Buch: Robert Liebmann, Dr. Karl Vollmoeller, Carl Zuckmayer nach dem Roman ›Professor Unrat‹ von Heinrich Mann; Kamera: Günther Rittau, Hans Schneeberger; Bauten: Otto Hunte, Emil Hasler; Kostüme: Tihamer Varady, Karl-Ludwig Holub: Musik: Friedrich Hollaender; Songs: Friedrich Hollaender (Musik); Robert Liebmann, Friedrich Hollaender, Richard Rillo (Text). Mit Emil Jannings (Prof. Immanuel Rath), Marlene Dietrich (Lola

Melodien sind identisch. Die Tonfolge ist mit Bedacht gewählt, sie bringt die Unsicherheit und die heimlichen Wünsche des Professors zum Klingen.

Der Professor ist der Liebe und der Erotik nicht gewachsen; genau diese aber sind das Element von Lola Lola. Mit Recht singt sie von ihren Liebhabern: »Und wenn sie verbrennen, ja dafür kann ich nichts.« Sie singt es als Warnung, der Professor aber nimmt es fälschlicherweise als Schmeichelei.

Lola Lolas Vitalität und ihr offener Umgang mit der Sexualität sind ein festes Fundament ihres klaren, nach den Gesetzen der Tauschgesellschaft ausgerichteten Charakters. Raths Welt dagegen wird beherrscht von einer nur äußerlichen, im Grunde aber morschen Moral; Lola Lola bringt diese Welt der Heuchelei und Spruchweisheiten zum Einsturz. Professor Rath und Lola Lola sind nicht einfach nur Prototypen ihres jeweiligen Geschlechts, sie vertreten vielmehr Moderne und Reaktion. Daß der Film und die Rolle Marlene Dietrichs immer wieder anders gedeutet wurden, daß Lola Lola als ein Vamp, als eine *femme fatale* geschildert wird, an der der brave Professor zugrunde geht – das alles hat mit der traditionellen Sicht der Kritiker zu tun als mit dem Film. Aber es zeichnet gerade seinen hohen Rang aus, daß er vor 70 Jahren Kontroversen ausgelöst hat, die bis heute nicht beendet sind.

›Der blaue Engel‹ wurde von der rechten Presse noch am Vorabend der Premiere zum Anlaß für eine Polemik gegen Heinrich Mann genommen. Der Film habe die Intentionen Manns aufgehoben und so seine Satire auf das Kleinbürgertum ins Dramatisch-Menschliche gewendet.

Lola), Kurt Gerron (Zauber-
künstler Kiepert), Rosa Valetti
(Guste Kiepert, seine Frau),
Hans Albers (Mazeppa) u. a.

Umgehend verteidigte Heinrich Mann den Film und die Produktion Erich Pommers; Manns Name ist von nun an untrennbar mit dem Film verbunden. Als 1933 der Film von den Nazis verboten wurde, erschien auf der Titelseite der NS-Satireblattes ›Die Brennessel‹ eine Karikatur, die Mann mit Judenlocken und den Beinen der Lola Lola zeigt. In den fünfziger Jahren wetterte Theodor W. Adorno, nunmehr von der linken Position, gegen den Film, der den literarischen Stoff des ›Professor Unrat‹ verunstaltet habe. Das Museum of Tolerance in Los Angeles illustrierte sogar noch Mitte der neunziger Jahre eine Internetseite über Schauspieler, die dem Hitler-Regime zu Willen waren, mit einem Bild von Marlene Dietrich aus dem ›Blauen Engel‹.

Angesichts der Nachwirkungen des ›Blauen Engel‹ ist Lola Lola/Marlene Dietrich dann doch eine eher zweifelhafte Siegerin; sie gerinnt zu einer Ikone der Postmoderne, durchlässig und verfügbar für Deutungen jedweder Art.

35 Gerhard Bienert, Marlene Dietrich und Rosa Valetti

Amy Jolly

Als sich Marlene Dietrich am 1. April 1930 auf den Weg nach Amerika begab, war sie sich durchaus nicht des Erfolges ihres letzten Films sicher. Der Premierenabend war gelungen, aber ob das Publikum den Film annehmen würde, war damit in keiner Weise gesagt. Vor ihr lag eine ungewisse Zukunft. Viele deutsche Schauspieler waren schon nach Hollywood gereist, doch nur wenige hatten dort die Resonanz, die sie sich offen oder heimlich erhofft hatten.

Marlene hatte gezögert, den Vertrag anzunehmen. Vor allem die Trennung von Maria, ihrer erst sechsjährigen Tochter, fiel ihr schwer. Deshalb hatte sie eine Vereinbarung abgeschlossen, die es ihr erlaubte, nach 26 Wochen wieder nach Deutschland zurückzukehren.

Noch in Berlin hatte der Paramount-Vertreter die Rechte an Benno Vignys Roman ›Amy Jolly‹ gekauft. Der Autor hatte seinen Roman zwar schon an die deutschen Produzenten Fellner und Somlo vergeben; zur Verfilmung war es aber nicht gekommen, da die vorgesehene Hauptdarstellerin Lily Damita noch eher als Marlene nach Hollywood gereist war. Die Paramount kaufte den deutschen Produzenten die Rechte vermutlich für einen Spottpreis ab. Als Marlene auf dem Weg nach Hollywood war, arbeitete Sternberg bereits an dem Drehbuch jenes Films, der später ›Morocco‹ heißen sollte.

Warum soll ich es nicht sagen: Ich fürchte mich ein wenig vor Hollywood. ... Und wenn es noch tausendmal schöner wird, als ich es mir vorstellen kann, wenn alle Wunder in Erfüllung gehen, die mir die »Schondrübengewesenen« erzählen und die mir jetzt prophetisch sagen: »Du kommst nicht wieder« –: Ich komme wieder! Schließlich lasse ich ja nicht nur Berlin, sondern auch mein Kind hier zurück.

›Tempo‹, 3. Jg., Berlin, Nr. 77, 1.4.1930

In Amerika hatte die Paramount angekündigt, daß sie in Europa einen großen neuen weiblichen Star engagiert habe. Der größte europäische Star in Hollywood war zweifellos Greta Garbo, die bei Metro Goldwyn Mayer unter Vertrag stand. Marlene sollte Paramounts Antwort auf Greta Garbo werden; mit entsprechender Neugier, aber auch mit Skepsis wurde sie bei ihrer Ankunft von der Presse beobachtet. Der deutsche Star, von dem man noch keinen Film gesehen hatte, war eher schüchtern und überrascht von dem großen Empfang. Das New Yorker Büro der Paramount engagierte als erstes den Fotografen Irving Chidnoff, der der Presse Fotos liefern sollte. Für diese Studioaufnahmen nahm Marlene die ihr bekannten Posen ein, wurde aber von Chidnoff zum Teil auch so raffiniert fotografiert, daß sie kaum wiederzuerkennen war. Als Sternberg in Hollywood die New Yorker Presse und die Fotos von Chidnoff sah, war er entsetzt. Marlene war »sein« Star, und die Fotos entsprachen ganz und gar nicht seiner Vorstellung. Bevor Marlene Hollywood erreichte, hatte Sternberg bei der Paramount durchgesetzt, daß nur noch Fotos die Pressestelle verließen, die unter seiner künstlerischen Oberleitung entstanden waren. Sternberg hatte von Mar-

Die Künstlerin ließ jede Heiterkeit vermissen: Gatte, Kind und Mutter bleiben in Deutschland zurück, was wird die Zukunft bringen? Außer den Dollars noch etwas Nennenswertes? Marlene Dietrich schien sich keinen großen Erwartungen hinzugeben.
Ein Reporter über Marlenes Abreise aus Deutschland:
›Marlene Dietrich nach Hollywood unterwegs‹,
in: ›Die Filmwoche‹, Berlin 1930

lene Besitz ergriffen, und Marlene ließ es geschehen. Für beide begann die wichtigste, die künstlerisch erfolgreichste und in vielerlei Hinsicht auch die quälendste Phase ihres Lebens.

Hollywood war Anfang der dreißiger Jahre eine kulturelle Wüste. Manche meinen sogar, bis heute habe sich das nicht geändert. Das hört sich merkwürdig an, denn hier war doch das Zentrum der internationalen Filmwelt. Es war aber eben das Zentrum einer Industrie, nicht das Herz einer Kultur. Hollywood hatte, mit Palmen und ewigem Sommer, etwas Unwirkliches, Traum- und Alptraumhaftes. Hier war man an der Ware Film interessiert, aber das bedeutete nicht, daß man in Hollywood zu leben verstand. Es wurde hart gearbeitet, und es wurde viel Geld verdient. Nach außen stellte sich Hollywood als ein Dorf der Reichen und Schönen dar, nach innen war es geprägt von Eifersüchteleien, Neid, Verleumdung und Klatsch. Kulturell war es eine hohle Nuß. Wer sich anregen wollte, mußte nach New York fahren – in Hollywood gab es statt dessen Partys und Restaurants. Für Marlene wie für andere Europäer muß diese Erkenntnis wie ein Schock gewesen sein. Der nicht mehr ganz junge Star aus Deutschland war in seiner amerikanischen Anfangszeit ganz allein auf sich gestellt – Marlene kannte in dieser Phase nur ei-

37, 38 Portraits von Irving Chidnoff, New York 1930

Da gingen mindestens 160 Pfund Marlene. Und ganz offensichtlich hatte niemand vorher auf ihre Garderobe gesehen, denn diese massive Dame trat in einem mehrfarbigen, luftigen Chiffonkleid auf. An das Kleid war Flitterkram appliziert, der jedes ihrer Pfunde zur Geltung brachte. Auf dem Kopf trug sie einen Hut aus Pferdehaar. Für ihren ersten Hollywood-Film wählte Travis Banton vor allem dunkle Stoffe aus, um die Extrapfunde zu verstecken. Es dauerte aber nicht lange, bis sie abgenommen hatte und sich zu kleiden wußte.   *John Engstead, ›Star Shots‹, 1978*

nen Menschen, und der hieß Josef von Sternberg. Wer von ihr, wie vielleicht der Regisseur Ernst Lubitsch, noch aus Deutschland gehört hatte, mochte sich wundern, was die mittelmäßige Schauspielerin in Hollywood spielen sollte. Bald sollte man sich noch mehr darüber wundern, was Sternberg aus ihr gemacht hatte.

In Marlenes Vertrag war der 15. April 1930 als erster Drehtag benannt. Aber zu diesem Zeitpunkt war Marlene gerade erst angekommen, und die Vorbereitungen zur Produktion ihres ersten Films ›Morocco‹ waren noch nicht beendet. Auf dem Paramount-Gelände drehte man gerade den Episodenfilm ›Paramount on Parade‹, der in vielen Sprachversionen produziert wurde. Warum sollte der Import aus Deutschland nicht eine deutsche Fassung moderieren und einen deutschen Song vortragen? Friedrich Hollaender wurde gebeten, den Song zu schreiben, und Marlene sollte sich ein passendes Kostüm aussuchen. Sie wählte, sicher nicht ohne Sternbergs Rat, einen Frack mit weißer Fliege und Chapeau claque. Die Bilder und Portraits jener Zeit stammen aus den Vorbereitungen zu ›Paramount on Pa-

(Sternberg) übernahm alles. Er war mein Vater, mein Bruder, mein Beichtvater. Es gibt nichts, was er nicht war: Er war Kritiker, Lehrer, Ratgeber, Geschäftsmann, Agent, Fürsprecher und Friedensstifter für mich und meinen Haushalt. ... Ich habe ihm nie etwas übel genommen, noch ihm jemals irgendwelche Vorwürfe gemacht. Er war mein Freund und mein Beschützer, und was er sagte, galt. Er wußte mehr als alle.

›Nehmt nur mein Leben‹

rade‹, doch Marlene tritt in
der veröffentlichten Fassung
nicht auf. Sternberg wollte
seine Entdeckung nicht in
einem mittelmäßigen Film
»verbrennen« lassen. Die
deutsche Version moderier-
ten schließlich die weitgehend vergessenen Schau-
spieler Dina Gralla und
Eugen Rex. So blieb ›Morocco‹ der erste amerikanische
Film des Paars Dietrich/
Sternberg. Die Dreharbeiten
begannen am 15. Juli 1930,
Marlene Dietrichs erster
Drehtag war der 17. Juli.

›Morocco‹ erzählt – auf
eine kurze Formel gebracht – die Geschichte der Sängerin
Amy Jolly, die sich zwischen dem reichen Geschäftsmann
La Bessière und dem Fremdenlegionär Tom Brown entscheiden muß. Dies ist wahrhaftig kein atemberaubender
Stoff, aber Sternberg war dafür bekannt, selbst dürftige
oder stark melodramatische Themen so zu inszenieren,
daß sie überzeugend und spannend wirkten. Die Spannung verlegte Sternberg auf die visuelle und akustische
Ebene. Das Land, das er zeigt, ist ein Vielvölkergemisch
aus Franzosen, Arabern und Deutschen. Zwischendurch
ertönt auch österreichisch gefärbte Kaffeehausmusik,
denn in diese Szenerie paßt sich alles ein, was fremdartig

39 Aufnahme für ›Paramount
on Parade‹ (1930). Mit Widmung von Marlene für Tamara
Matul: »Für meine süße Tami«

oder exotisch wirkt. Marlene Dietrich ist eine Immigrantin, sie befindet sich auf einem Schiff, das in einem marokkanischen Hafen anlegt, und sie erregt die Aufmerksamkeit des reichen Bonvivants La Bessière. »Wer ist diese Frau«, fragt er den Kapitän des Schiffs. »Wahrscheinlich eine Varieté-Künstlerin«, antwortet dieser. »Wir nennen sie Selbstmord-Passagiere. Sie reisen ohne Rückfahrkarte. Sie kehren nie zurück.« Sternberg umschreibt damit auch für das Publikum die Situation seines Schützlings Marlene, die ebenfalls gerade über den Atlantik in ein fremdes Land gekommen war. Und wie um dies gleich klarzustellen, läßt er La Bessière der schönen Fremden seine Hilfe anbieten. Sie antwortet »Ich brauche keine Hilfe« und zerreißt seine Visitenkarte, kaum daß er sie ihr gegeben hat.

Sternberg entwarf in diesem ersten amerikanischen Film mit Marlene Dietrich jenes Bild, das er in ihrer weiteren Zusammenarbeit immer stärker und nuancenreicher ausführen sollte. Ob sie Amy Jolly, Shanghai Lily oder X-27 heißen – alle ihre Figuren kommen aus einem fernen Land, haben zahlreiche und wenig erfreuliche Erfahrungen gemacht. Sie sind selbstbewußt, unabhängig und kennen sich aus in der Welt der erotischen Beziehungen. Die Welt der Männer besteht aus Uniformen, Regeln, Befehlen und Gehorsam. Sternberg stattet Marlene mit Schleiern, Federn, Hüten und großen Roben aus, aber auch mit Männerkleidung: Militärjacken und Frackanzüge, Zylinder und Rüstungskappen verstärken ihre Macht. Gary Cooper setzt sich in ›Morocco‹ ihren Chapeau claque auf und wirkt mit einem Schlag wie ein Geck – bei Marlene/Amy Jolly

---

Morocco (Herzen in Flammen; Marokko). USA 1930. Regie: Josef von Sternberg; Buch: Jules Furthman nach dem Roman ›Amy Jolly. Die Frau aus Marrakesh‹ von Benno Vigny; Kamera: Lee Garmes, Lucien Ballard; Bauten: Hans Dreier; Kostüme: Travis Banton. Mit

Gary Cooper (Tom Brown), Marlene Dietrich (Amy Jolly), Adolphe Menjou (La Bessière), Ullrich Haupt (Adjutant Caesar), Eve Southern (Madame Caesar) u. a.

dagegen verstärkt die Männerkleidung noch die erotische Wirkung, sie treibt sie
in ungewisse, unbekannte
und um so erregendere Be-
reiche.

Als La Bessière ihr ein
zweites Mal Hilfe anbietet,
lächelt sie amüsiert und antwortet: »Jedes Mal, wenn
mir ein Mann geholfen hat,
mußte ich dafür einen Preis
zahlen.« Marlene ist für die
Männer kein leichtes Spiel,
denn sie kennt sich aus und
gehorcht nur ihren eigenen Regeln. Bei ihrem ersten Auftritt als Sängerin im Café von Lo Tinto trägt sie einen
schwarzen Frack und geht, ihr Lied singend, durch die Lo-
gen. Sie lehnt an einer Balustrade, und ein Gast legt ihr die
Hand auf den Arm. Indigniert sieht sie ihn an und legt die
Hand wie einen unsauberen Gegenstand zurück. Sie schlen-
dert an einen Tisch, trinkt ein Glas Champagner und er-
bittet sich von einem weiblichen Gast eine Nelkenblüte.
Im Weggehen wendet sie sich noch einmal zurück, küßt
die Dame auf den Mund und wirft dann die Blüte unter
rasendem Applaus des Publikums dem Legionär Tom
Brown zu. Das alles geschieht in absoluter, selbstver-
ständlicher Gelassenheit und ist doch eine unverblümte
Darstellung ihrer erotischen Unabhängigkeit. Am Ende
folgt sie Tom Brown in die Wüste, und für viele war die-

40 Amy Jolly in Männerkleidung

ser Schluß eine sehr konventionelle Aufkündigung all der Versprechen, die in dieser Figur angelegt sind. Aber wir sehen sie mit den Augen des reichen La Bessière, der ihr die Heirat versprochen und sie im Rolls Royce zum Abschied gefahren hat. Und so entfernt sie sich aus dem Film, wie sie gekommen ist – eine Unbekannte, die, aus der Fremde kommend, in eine ungewisse Zukunft geht.

Noch während ›Morocco‹ in Arbeit war, drang die Nachricht vom phänomenalen Erfolg des ›Blauen Engels‹ nach Amerika. Dort hatte immer noch niemand den Film gesehen – die Paramount hielt ihn zurück, denn der neue Star sollte dem amerikanischen Publikum als erstes in einem amerikanischen Film gezeigt werden. Im übrigen war in ›Morocco‹ nach Hollywood-Maßstäben nicht Marlene Dietrich, sondern Adolphe Menjou der Star. Er erhielt mit 20 000 Dollar fast das Vierfache ihrer Gage. Auch Gary Cooper wurde besser als Marlene bezahlt. Die Presse wurde mit Fotos und meist erfundenen Geschichten über die Lebensgeschichte Marlene Dietrichs gefüttert, und die ›New York Times‹ titelte am Vorabend der Premiere: »Marlene Dietrich wird über Nacht ein großer Filmstar.« Am 14. November 1930 hatte der Film im New Yorker Rivoli Premiere, knapp zwei Wochen später wurde er in Graumanns Chinese Theatre in Los Angeles aufgeführt. Aus dem Anlaß erschien nahezu alles, was in Hollywood Rang und Namen hatte oder sich zur Society zählte. Die Thal-

41 Amerikanisches Plakat zu ›Morocco‹. In der Anzeigenkampagne stand: »A flaming cafe beauty, Marlene Dietrich … mysterious, alluring, dangerous as the Sahara.«

bergs, Schulbergs, Adolph Zukor, Charlie Chaplin, Joan und Constance Bennett und Lily Damita, die diese Rolle ursprünglich in Deutschland spielen sollte. Man kann sich vorstellen, daß sie an diesem Abend das sichere Gefühl bekam, einen Hauptgewinn im Lotto verschenkt zu haben. Über Nacht wurde Marlene zum neuen Star am Himmel von Hollywood, und in seltener Einmut feierten Publikum und Kritik ihren ersten amerikanischen Film. Natürlich wurde sie andauernd mit Greta Garbo verglichen, aber die Garbo selbst soll, um ihre Meinung gefragt, die klassische Antwort gegeben haben: »Wer ist Marlene Dietrich?«

Der Vergleich mit der Garbo wird Marlene selbst am meisten überrascht haben. Als freche, etwas pummelige und

42   Uraufführung im Graumans
Chinese Theatre, Los Angeles

vulgäre Lola Lola war sie nach Amerika gekommen, und jetzt war sie als Amy Jolly zur Ikone der Erotik geworden. Den ›Blauen Engel‹ zeigte die Paramount in Amerika erst knapp einen Monat nach der Premiere von ›Morocco‹, und auch dann nur in der schwächeren englischen Fassung. Lola Lola konnte Amy Jolly nicht mehr aus der Bahn werfen, und der dritte Film des Paars Sternberg/Dietrich war zu diesem Zeitpunkt bereits abgedreht.

Aus Berlin hatte Rudi Sieber seine Frau mit allem versorgt, was sie in Hollywood vermißte. Das waren vor allem Illustrierte wie die ›Elegante Welt‹ und ›Das Blatt der Hausfrau‹, aber auch Kulturzeitschriften wie ›Das Tagebuch‹ und ›Die Weltbühne‹. Neben Strümpfen und Modellhüten schickte Sieber auch Bücher, so Erich Kästners ›Emil und die Detektive‹ oder Max Krells expressionistisches Werk ›Orangen in Ronco‹. Hans Bernsdorffs Bestseller ›Spionage‹ und Gomez Carillos Buch über Mata Hari dienten als Inspiration für den neuen Film, dessen erste Drehbuchfassung bereits im Oktober 1930 unter dem Titel ›Madame Nobody‹ vorlag. In einer späteren Fassung hieß die Frau, die von Marlene gespielt werden soll, »the Rain woman«, im Film selbst trägt sie den Decknamen X-27, der nicht aufgelöst wird. Der Film heißt ›Dishonored‹. Noch während der Feinarbeit am Drehbuch begannen die Dreharbeiten, die Ende November 1930 abgeschlossen wurden. Ursprünglich wollte die Paramount erneut Gary Cooper als Partner von Marlene engagieren, doch Cooper hatte sich während der Dreharbeiten zu ›Morocco‹ so mit Sternberg zerstritten, daß statt dessen Victor McLaglen den Part übernahm. McLaglen allerdings ist im Vergleich zu Coo-

Dishonored (X-27; Entehrt). USA 1931. Regie: Josef von Sternberg; Buch: Daniel H. Rubin nach einer Originalgeschichte von Josef von Sternberg; Kamera: Lee Garmes; Bauten: Hans Dreier; Kostüme: Travis Banton. Mit Marlene Dietrich (X-27), Victor McLaglen (Colo-nel Krakau), Lew Cody (Colonel Kovrin), Gustav von Seyffertitz (Chef des österreichischen Geheimdienstes), Warner Oland (Colonel von Hindau) u. a.

per eine eher vierschrötige Erscheinung, und es ist durchaus möglich, daß das Drehbuch für diesen Charakter
nochmals umgeschrieben wurde.

In ›Dishonored‹ spielte Marlene eine österreichische
Spionin, die sich in ihren russischen Gegenspieler verliebt
und dafür hingerichtet wird. Der erste Blick der Kamera
gilt den Beinen einer Frau, die offenbar einem diskreten
Gewerbe nachgeht. Wir befinden uns in Österreich, in der
Zeit des Ersten Weltkrieges, und im prasselnden Regen
wird eine tote Frau aus dem Haus getragen. »So enden
sie alle«, kommentiert ein Passant. »Nein, das tun sie nicht«,
antwortet Marlene und fügt hinzu: »Ich habe keine Angst
vor dem Leben« – und nach einer kurzen Pause – »und
auch nicht vor dem Tod.« So gelassen, wie sie hier den
Tod kommentiert, wird sie später auch zur Hinrichtung
gehen. Als ihr der Priester eine Uniform besorgen will, besteht sie auf ihrem eleganten, weiblichen Kostüm. Ihre
letzten Minuten will sie in der Kleidung leben, in der sie
ihren Landsleuten, nicht ihrem Land, gedient hat. Und der

43   ›Dishonored‹. Mit Viktor McLaglen

Trommelwirbel der Exekution korrespondiert mit dem prasselnden Regen der Anfangssequenzen. Die Frau in diesem Film ist und bleibt eine Unbekannte, eine rätselhafte Schöne. »Ich behalte meinen Namen lieber für mich«, antwortet sie einmal. Noch nicht mal einen Vornamen erfährt man. In einer langen Sequenz schreitet sie durch die endlosen Gänge des Kriegsministeriums und muß schließlich noch durch ein Chemielabor gehen, ehe sie zum Spionagechef kommt. Wieder paraphrasierte Sternberg den weiten Weg, den Marlene gekommen war, und definierte sich als den Meister, durch dessen Hexenküche sein Schützling gehen muß, um als verwandelte Gestalt aus Licht und Glanz wiederzuerscheinen.

Anders als in ›Morocco‹ darf Sternberg hier schon seinen Manierismen nachgehen, mit denen er zum Klassiker des Studiofilms wurde, die ihn aber langfristig auch die Gunst des Publikums gekostet haben. Marlenes Gesicht, noch eher flach ausgeleuchtet in ›Morocco‹, wird in ›Dishonored‹ schon zu einer geheimnisvollen, nuancenreichen Wunschlandschaft. Der Kameramann Lee Garmes sollte später behaupten, das Dietrich-Gesicht gehe auf seine Lichtführung zurück. Sternberg hielt dem entgegen: »Marlene, das bin ich.« Nur die Dietrich hielt sich zurück und behauptete: »Ich tat, was man mir sagte.« Aber wie sie das tat, war eben einmalig. Als sich ein junger Offizier weigert, das Erschießungskommando zu geben und eine pazifistische Aufwallung zum besten gibt, schminkt sich X-27 noch einmal die Lippen und holt dafür aus ihrem Strumpf einen Spiegel heraus. »Ich stelle mir den Tod als eine charmante junge Frau vor«, hatte der russische Offizier vor-

Sagen Sie jetzt bloß nicht, daß Marlene mein Werk erfüllt, daß sie sich seiner bemächtigt hat, es besitzt und seine innere Triebfeder ist. Nein, das stimmt nicht. Kein menschliches Wesen, das durch meine Hände ging, war mir mehr wert als das andere. Ein solches Wesen war für mich ein obskures Objekt vor der Kamera, das nur dazu da war, meine Befehle auszuführen, einzig und allein das zu tun, was ich von ihm verlangte. Marlene ist in meinen Filmen nicht sie selbst; merken Sie sich das, Marlene ist nicht Mar-

her geäußert. Die Schönheit, so die Botschaft, ist stärker als der Tod.

Leider war das amerikanische Publikum nicht bereit, diese Aussage anzunehmen. ›Dishonored‹, im März 1931 in den USA angelaufen, war im Vergleich zum ›Blauen Engel‹ und zu ›Morocco‹ ein eher mäßiger Erfolg.

Aber erstmal fuhr Marlene nach Ende der Dreharbeiten zurück nach Berlin. Das amerikanische Abenteuer, vor dem sie sich »ein wenig gefürchtet« hatte, war gut ausgegangen. Für ›Dishonored‹ hatte sie schon 2000 Dollar pro Woche bekommen; bis zum 15. April 1931 nahm sie ihre vertraglich garantierte Auszeit, und für die Zeit danach hatte sie ein Honorar von 3500 Dollar pro Woche ausgehandelt. Die Zukunft in Hollywood sah rosig aus. In Berlin wartete ihre Familie auf sie. Und ganz Berlin mit ihr.

Mit 16 Schrankkoffern im Gepäck kam Marlene Mitte Dezember 1930 in Bremerhaven an. Eine Journalistin gab ihre ersten Aussagen über Hollywood im Stil eines rasenden Reporters wieder: »Das Leben in Hollywood herrlich. Die Arbeit herrlich. Die ganze Amerikareise ein Erlebnis. Dann Hollywood mit Künstlerkameradschaft und neidloser Anerkennung.« Marlene hatte offensichtlich gelernt, mit der Presse umzugehen.

Das Ehepaar Sieber wohnte nun nicht mehr in einer gemeinsamen Wohnung, aber von Trennung war keine Rede. Marlene nahm das unterbrochene Verhältnis zu Willi Forst wieder auf, der sich vor Glück kaum fassen konnte. Und neben der Affäre gab es soviel zu tun: Kleider mußten anprobiert, Hüte gekauft und neue Koffer besorgt werden. Premieren, Empfänge, Gesellschaften baten ergebenst um

lene. Marlene, das bin ich, das weiß sie besser als jeder andere. *Serge Danay, Jean Louis Noames, ›Rencontres avec un solitaire‹, in: ›Cahiers du Cinéma‹, Juli 1965. Zit. n. ›Josef von Sternberg. Dokumentation‹, 1966*

die Gegenwart der Berlinerin aus Hollywood. Im Gloria-Palast sah sie ›Einbrecher‹, eine Filmkomödie von Hanns Schwarz mit der Musik von Friedrich Hollaender; in der ›Volksbühne‹ besuchte sie Hans Albers, der das erste Mal seine Paraderolle als ›Liliom‹ spielte. Mitte Februar wurde sie bei der Premiere des ›Drei-Groschen-Oper‹-Films von G. W. Pabst begrüßt; möglicherweise war neben dem gesellschaftlichen Ereignis für Marlene Dietrich die Tatsache interessanter, daß sie ihren umschwärmten Rudolf Forster in der Rolle des Mackie Messer bewundern konnte. Im März nahm Marlene mit Peter Kreuder und Mischa Spoliansky fünf neue Stücke auf Schallplatte auf, darunter zwei Titel, die sie in ›Morocco‹ gesungen hatte. Die Ultraphone kaufte ihr darüber hinaus eine Aufnahme ab, die sie im Februar 1930 mit Friedrich Hollaender am Klavier noch auf eigene Kosten eingespielt hatte. ›Wenn ich mir was wünschen dürfte‹, ein wehmütig melancholisches Couplet, wurde in späteren Jahren zu einem der Standards ihres Showprogramms. Die Aufnahmen des Jahres 1931 sind bestimmt von der Atmosphäre des Aufbruchs und der Gefährdung, frivol und ohne Sentimentalitäten, mit einem behutsamen Jazz-Anklang und einem erotischen Timbre, das wahrlich nicht zu einer Frau paßt, die »gar nicht wußte, was Erotik war«.

Marlene sang das Lied ›Wenn ich mir was wünschen dürfte‹ am 7. Januar 1931 auch live bei der Premiere des Tingel-Tangel-Theaters; diesen Namen hatte ihr Freund

Alle Menschen, von denen sie in Berlin einst nie beachtet worden war, umstanden sie nun wie eine brennende Fackel und erglühten in Bewunderung. Marlene hatte sich drüben den Ruf eines blasierten Stars zugelegt, eines Snobs. Sie trug gerne Männerkleidung, am liebsten den Frack. Er stand ihr am besten. Aber all dieses fiel jetzt von ihr ab. Ihre natürliche Gutmütigkeit und Heiterkeit brach inmitten der alten Bekannten mit Vehemenz durch. Sie lachte, schwatzte, gab sich, wie sie war, mit und ohne Koketterie, herrlich gelaunt, liebenswürdig, kichernd und liebenswert wie ein Mädchen auf seinem ersten Ball.

Fred Hildenbrandt, ›Ich soll Dich grüßen von Berlin‹, München 1966

und Komponist Friedrich Hollaender seinem neuen Kabarett gegeben. Vermieter der Kleinkunstbühne war sicher nicht ganz zufällig Georg Will, der Schwager Marlene Dietrichs.

Anfang März 1931 besuchte Charlie Chaplin Berlin – bestürmt, umjubelt und buchstäblich auf den Armen getragen von seinen Berliner Fans. Marlene wollte unbemerkt zu ihm ins Hotel Adlon, aber sie wurde von der Presse entdeckt, und so war binnen Sekunden das Zimmer Chaplins voller Journalisten. Zehn Minuten stand der Schauspieler Rede und Antwort und posierte mit Marlene für ein Foto.

In den wenigen Monaten in Berlin, dem sogenannten »Urlaub«, saß sie außerdem dem Künstler Ernesto de Fiori Modell; es entstanden die einzigen Portraitbüsten, die von Marlene Dietrich existieren. Der Autor und Proust-Übersetzer Franz Hessel besuchte sie, um sie persönlich kennenzulernen. Er veröffentlichte 1931 einen der besten Essays, die jemals über Marlene Dietrich publiziert wurden. Ende März

44 Bei der Eröffnung des ›Tingel Tangel‹ in Berlin 1931

45 Mit Charlie Chaplin im Hotel Adlon

fuhr sie kurzfristig nach London, um die Premiere von
›Morocco‹ im Carlton als Ehrengast zu schmücken.
Zurück in Berlin sah sie noch die deutsche Version des
Greta-Garbo-Films ›Anna Christie‹.

Am 16. April 1931 verließ Marlene Berlin mit ihrer Tochter Maria. Willi Forst, der Unermüdliche, begleitete sie
im Zug nach Bremerhaven; am Berliner Lehrter Bahnhof
spielte Peter Kreuder mit einer Blaskapelle zum Abschied
auf. Keiner konnte zu diesem Zeitpunkt ahnen, daß Marlene erst 14 Jahre später in eine gründlich veränderte Stadt
zurückkehren würde – eine Stadt, von deren Glanz der frühen dreißiger Jahre nur ein Trümmerhaufen geblieben war.

46 Ab-
fahrt aus
Berlin mit
Tochter
Maria

Shanghai Lily

Bei ihrer Ankunft in Amerika präsentierte sich Marlene als gute Mutter. Maria, inzwischen immerhin über sieben Jahre, wurde vor den Fotografen abgeschirmt. Die Presse bekam von Mutter und Kind nur Fotos, auf denen Maria erst vier Jahre alt war. Sternberg hatte bereits einen neuen Stoff für Marlene ausgesucht: Emile Zolas ›Nana‹. Aber dieses Projekt stieß auf produktionsinterne Schwierigkeiten. Das Interesse der Öffentlichkeit richtete sich sowieso nicht auf ihre Filmprojekte, sondern auf die Scheidungsklage von Riza Royce von Sternberg. Der Scheidungsgrund war natürlich Marlene Dietrich, die sofort beteuerte, daß sie ein reines »Arbeitsverhältnis« mit Sternberg verbinde. Sternberg fügte noch hinzu, daß er an Marlene Dietrich nur aus »psychologischen« Motiven interessiert sei. Riza Royce wußte es besser; sie hatte sich von ihrem Mann schon einmal getrennt und nach einer neuerlichen Heirat hatte die Fahrt nach Berlin im Jahr 1929 unter dem Zeichen einer zweiten Hochzeitsreise gestanden. Wegen des intensiven »Arbeitsverhältnisses« ihres Mannes mit Marlene war sie vor Sternberg aus Berlin abgereist. Nun, da Marlene 1931 wieder aus Berlin zurück war und neue Sternberg/Dietrich-Filme geplant wurden, war

47 ›Shanghai Lily‹. Foto: Don English

ihr Mann entschieden häufiger mit Marlene zusammen als mit ihr. Es reichte ihr. Sie verklagte Marlene auf nicht weniger als 500 000 Dollar wegen Entfremdung der Gefühle ihres Gatten und auf 100 000 Dollar wegen Rufschädigung. Diese Summen waren selbst nach Hollywood-Maßstäben gigantisch. Um der Klage etwas entgegenzusetzen, bat Marlene ihren Mann Rudi Sieber dringend, nach Hollywood zu kommen und den besorgten Vater und Ehemann darzustellen. Das entsprach zwar schon lange nicht mehr den Tatsachen, aber Sieber, der 1931 als Synchronregisseur bei der Paramount in Paris arbeitete, fuhr gehorsam im Juli 1931 nach Hollywood; nach einem Monat, in dem der Presse die glückliche Familie von Rudi, Maria und Marlene vorgeführt wurde, reiste er wieder ab. Riza

Royce und Sternberg wurden geschieden, die Schadensersatzklage gegen Marlene Dietrich zog Riza Royce Anfang 1932 zurück. Marlene hatte ihr einen formellen Entschuldigungsbrief schreiben müssen; »Geld«, so der Anwalt der frisch geschiedenen Frau von Sternberg, »spielte keine Rolle mehr«. Man mag es kaum glauben.

Im August 1931 stand fest, daß der neue Film ›Shanghai-Express‹ heißen

48 Familienidylle in Hollywood 1931 mit Ehemann, Kind und Regisseur

sollte. Es wurde der größte, unübertroffene Erfolg des Gespanns Josef von Sternberg und Marlene Dietrich.

›Shanghai-Express‹ erzählt eine Episode aus dem Verhältnis von Shanghai Lily, einer Nobelprostituierten, und Captain Harvey, einem englischen Militärarzt. Beide verband ein Liebesverhältnis, das Captain Harvey aus Eifersucht zerstört hatte. Im Zug, dem Shanghai-Express, treffen sie sich wieder. Harvey kannte Shanghai Lily noch unter dem Namen Magdalen und fragt sie, ob sie inzwischen verheiratet sei. Shanghai Lily antwortet mit einem Satz, der bald zu einem klassischen Zitat der Filmgeschichte wurde: »It took more than one man to change my name to Shanghai Lily.« (»Es brauchte mehr als einen Mann bis ich Shanghai Lily hieß.«) Damit ist die Grundkonstellation ihres Charakters formuliert. Marlene ist die Frau mit Vergangenheit, mit Erfahrung und Routine im Umgang mit den Männern. Shanghai Lily teilt ihr Abteil mit der chinesischen Prostituierten Hui Fei. Bis auf Hui Fei, dargestellt von Anna May Wong, sind alle Fremde in diesem Land. Der Zug wird von Rebellen überfallen, Captain Harvey wird als Geisel genommen und gewinnt den Eindruck, daß Lily mit dem Rebellenführer geschlafen hat, um ihm zur Freiheit zu verhelfen. In Wirklichkeit – und dies erfährt der Zuschauer auch – hat Hui Fei den Rebellen umgebracht.

Das exotische Flair des fremden und unbekannten China, der Topos der Reise als dauernder Bewegung und Veränderung, das nicht gefestigte Verhältnis von Harvey und Shanghai Lily – all das hat Sternberg gereizt, wiederum eine ganz eigene, fremdartige Welt zu schaffen, die ihre eigenen Regeln hat. Der Kameramann Lee Garmes fing –

Shanghai-Express. USA 1932. Regie: Josef von Sternberg; Buch: Jules Furthman nach einer Originalgeschichte von Harry Hervey; Kamera: Lee Garmes; Bauten: Hans Dreier; Kostüme: Travis Banton. Mit Marlene Dietrich (Shanghai Lily), Clive Brook (Captain Donald Harvey), Anna May Wong (Hui Fei), Warner Oland (Henry Chang), Eugene Palette (Sam Salt), Lawrence Grant (Mr. Carmichael), Louise Closser Hale (Mrs. Haggerty), Gustav von Seyffertitz (Eric Baum) u. a.

sicher auf Anweisungen von Sternberg – Bilder von Marlene ein, die der Pose von Lola Lola auf dem Faß an Berühmtheit nicht nachstehen. Er ließ das Licht von oben auf den Kopf des Stars fließen, und die Schatten ihrer Nasenflügel bildeten sich wie ein Schmetterling auf ihrer Oberlippe ab. Dieses sogenannte Nordlicht umgab ihr Haar mit einem Lichterkranz, profilierte die Wangenknochen und machte ihr Gesicht, das nunmehr nur noch aus Schatten und Lichteffekten bestand, zu einer geheimnisvollen Projektionsfläche. Die Legende, daß Marlene, um schmaler zu wirken, sich ihre Backenzähne habe ziehen lassen, stammt von dem Eindruck dieser Aufnahmen. Es war die Kunst der Lichteffekte, die Marlene zum Glamour-Star machten, nicht die Kunst der Zahnärzte von Hollywood.

Marlene Dietrich spielte in ›Shanghai-Express‹ noch verhaltener als in ihren vorherigen amerikanischen Filmen; sie hat auch endlich, so konstatiert der deutsche Kritiker Kurt Pinthus mit Erleichterung, »das Augenrollen aufgegeben«, das noch aus der Schule des Stummfilms stammte. Ihr Spiel mit der Kleidung ist subtiler angelegt; ein hoher Pelzkragen umgibt ihren Kopf wie eine Lichtaureole, die Militärmütze des Captains setzt sie sich lässig auf den Kopf, und die Hände verbirgt sie eine ganze Zeit in schwarzen Handschuhen.

Um so intensiver strahlt ihr Weiß, wenn sie auf dem Perron eine Zigarette raucht oder die Hände zum Gebet faltet. Marlene wußte, daß Sternberg ihr mit diesem Film ein

49 Mit Clive Brook und einem Teil seiner Uniform in ›Shanghai-Express‹

Image glamouröser Schön-
heit gegeben hatte, und
schrieb ihm auf ein Portrait
die Widmung »Du Gott,
du – Dem Schöpfer von
seinem Geschöpf«. Stern-
berg schenkte ihr ebenfalls
ein Portrait mit der Wid-
mung »Was bin ich ohne
Dich?«. Beide wußten ge-
nau, was sie aneinander
hatten.

Am 12. Februar 1932 hat-
te ›Shanghai-Express‹ in
New York Premiere und wurde von Presse und Publikum
nahezu einhellig gefeiert. Für die Paramount wurde der
Film weltweit zu einem dringend benötigten wirtschaftlichen Erfolg. In Berlin stürmte das Publikum 1932 das
Uraufführungskino, den Mozartsaal am Nollendorfplatz.
Sondervorstellungen wurden angesetzt und ›Shanghai
Express‹ wurde hier wie überall auf der Welt zu dem
umsatzstärksten Film der Saison.Was noch wichtiger war:
Die Kritik lobte nun auch Marlenes schauspielerische Lei-
stung, die Vergleiche mit der Garbo waren passé. Marlene
war zu einem Begriff und zu einem Maßstab geworden.

Kurzfristig überlegte sie, ob sie für einen Urlaub nach
Deutschland kommen soll. »Liebster«, telegrafierte sie an
Rudi Sieber im Oktober 1931, »rate mir, ob ich angesichts
Lage Deutschlands hierbleiben soll«. Für ihren nächsten
Film hatte sie eine Gage von 4500 Dollar pro Woche bei

50 Shanghai-Express. Foto: Don
English

einer Mindestgarantie von 50000 Dollar ausgehandelt. Da fiel der Rat nicht schwer.

Nach dem Ende der Dreharbeiten zu ›Shanghai-Express‹ stand im November 1931 die alljährliche Verleihung der Preise der Academy of Motion Pictures, Arts and Sciences, besser bekannt als die Oscar-Verleihung, auf dem Programm. In den Jahren 1929 und 1930 waren die Preisträger schon vor der Verleihung bekannt gewesen; zum Festakt selbst waren deshalb nur relativ wenige gekommen. Diesmal standen nur die Nominierungen fest, die Preisträger selbst wurden wie heute erst am Abend selbst verkündet. Für ihre Leistungen in dem Film ›Morocco‹ waren Josef von Sternberg für die Regie, Hans Dreier für die Bauten, Lee Garmes für die Kameraarbeit und Marlene Dietrich für die darstellerische Leistung nominiert. Es blieb ihre einzige Nominierung, den Oscar erhielt sie nie. Indirekt lehnte sie ihn später sogar ab. Wegen der vielen nicht enden wollenden Reden mußten die Gäste bis zwei Uhr morgens auf die Entscheidung warten. Keiner der Künstler aus ›Morocco‹ erhielt den Oscar. Sternberg, der später nochmals für ›Shanghai-Express‹ auf der Liste stand, ging auch dort wieder leer aus. Fortan mied er die Oscar-Verleihungen und nahm an keiner Veranstaltung der Academy mehr teil.

Noch vor der Premiere von ›Shanghai-Express‹ hatten Sternberg und Marlene der Paramount im Januar 1932 für 12000 Dollar einen Stoff mit dem Titel ›East River‹ verkauft. Die Drehbuchautoren Jules Furthman und S. K. Lauren sollten daraus bis Februar einen Drehbuchentwurf machen. Ab dem 15. Februar bekam Marlene ihre neue

---

Kürzlich wurde noch ein neuer Preis geschaffen: Der »Totenbett-Oscar«. … Dieser neu geschaffene Oscar dient nur dazu, das schuldige Gewissen der Akademiemitglieder zu erleichtern. Die Geschmacklosigkeit, mit der ein berühmter Star, sichtlich gerührt, diesen »Totenbett-Oscar« ankündigt, ist kaum zu beschreiben. Jedem Zuschauer wird es eindeutig klar, warum der Preis so eilig vergeben wird.

›ABC meines Lebens‹, 1963

Gage, und für diesen Termin war auch der Beginn der Dreharbeiten vorgesehen. Daraus aber wurde nichts. Aus ›East River‹ wurde ›Song of Manhattan‹, daraus entstand ›Velvet‹, und dieses wurde, immer noch auf der Grundlage desselben Stoffes, am 18. März zu einem Drehbuch mit dem Titel ›Blonde Venus‹. ›Blonde Venus‹ ist die Geschichte der Hausfrau und Mutter Helen Faraday, die als Nachtclub-Sängerin und Geliebte eines reichen Galans Geld verdient, um ihrem schwerkranken Mann einen Kuraufenthalt in Europa zu ermöglichen. Ihr Mann erkennt die wahre Lage erst nach der Rückkehr und verstößt seine Frau, die mit ihrem gemeinsamen Kind New York verläßt. Es beginnt ei-

ne Odyssee durch die USA, verfolgt von Polizei und be-drückt von zunehmenden Geldsorgen. Schließlich gibt Helen Faraday das Kind ih-rem Mann zurück, geht nach Europa und baut dort eine neue Karriere auf. Sie trifft ihren alten Liebhaber, kehrt mit ihm in die USA zurück und versöhnt sich schließlich mit ihrem Mann.

Der Entwurf spiegelte deutlich die verzweifelte wirtschaftliche Situation vieler Familien im Amerika der Depression, aber er ver-stieß wegen des themati-

Blonde Venus (Die blonde Venus). USA 1932. Regie: Josef von Sternberg; Buch: Jules Furthman, S. K. Lauren nach einer Originalgeschichte von Josef von Sternberg; Kamera: Bert Glennon; Bauten: Wiard Ihnen; Kostüme: Travis Banton. Mit Marlene Dietrich (Helen Faraday/Helen Jones), Herbert Marshall (Edward Faraday), Cary Grant (Nick Townsend), Dickie Moore (Johnny Faraday) u. a.

sierten Ehebruchs auch eben so deutlich gegen den unge-
schriebenen Moralcodex von Hollywood. Das Script wurde gegen Sternbergs Einwände mehrfach umgeschrieben.
Noch während der Dreharbeiten, die erst Ende Mai begonnen werden konnten, wurden Szenen weiter geändert.
Die Paramount war in ernste wirtschaftliche Schwierigkeiten geraten und wollte mit ihrem wichtigsten weiblichen Star einen sicheren Erfolg produzieren. Zunächst
aber produzierte sie nur Ärger. Sternberg weigerte sich, die
geänderte Fassung zu drehen, wurde auf 100 000 Dollar
Schadensersatz verklagt und mußte sich dem Druck des
Produktionschefs B. P. Schulberg beugen. Schulberg hatte
Richard Wallace als neuen Regisseur eingesetzt und drohte, nun auch Marlene auf Schadensersatz zu verklagen.
Sternberg blieb nichts anderes übrig, als nachzugeben.

 Die Auseinandersetzung wirkte sich auch auf die persönliche Lebenssituation Marlenes aus. Die Zeitungen speku-
lierten, daß Sternberg Marlenes Karriere zerstören werde,
daß Marlene unter Sternbergs »hypnotischen« Einfluß geraten sei; sie schrieben lange Artikel über ihre Freundschaft zu Maurice Chevalier – war es nur Freundschaft
oder vielleicht der Beginn der Trennung von Sternberg?
Anfang März war Marlene bei der Premiere des Bibelfilms
›Sign of the Cross‹ (USA 1932; Regie: Cecil B. deMille)
zum allgemeinen Erstaunen in Hosen erschienen. Frauen,
so war die allgemeine Meinung, durften Hosen wohl zu
Hause oder am Strand tragen, nicht aber zu einem festli-
chen gesellschaftlichen Ereignis. Neue Artikel erschienen,
erklärten Marlenes Verhalten zu einem Skandal; die be-

Marlene war ein außergewöhnlicher Freund; sie war eine Frau
von hoher Intelligenz und Sensibilität, einfühlsam und freundlich, auf eine amüsante und charmante Weise auch unvorherseh-
bar in ihren Stimmungen. Wir gingen zusammen in Restaurants,
wir gingen tanzen und suchten miteinander Ablenkung und Zer-
streuung von der täglichen rigorosen Routinearbeit. Uns verband
Kameraderie, aber wir wurden natürlich von den Reportern verfolgt, die ihren hungrigen Lesern immer etwas Neues bieten
mußten. *Maurice Chevalier, ›With Love‹, 1960*

kannte Komikergruppe The Marx Brothers paradierte in Frauenkleidern über den Sunset Boulevard und machte sich über Marlene und die Presse lustig. Und Marlene erschien weiter in männlicher Kleidung, wann und wo sie wollte.

Als Sternberg sich wegen der ›Blonden Venus‹ mit Paramount überwarf und demonstrativ nach New York fuhr, fragten die Fanzeitschriften: »Verläßt Sternberg Marlene wegen der Männerkleidung?«. Marlenes Meinung über die Presse wurde in dieser Zeit geprägt. Sie kam zu einer eindeutigen Haltung: Die Journalisten waren Parasiten, die aus ihrem Leben Kapital schlagen wollten. Aber Journalisten und Fanpresse konnte man nicht bekämpfen, ohne zu verlieren. Marlene beschloß, die Presse zu benutzen.

Den letzten Ausschlag zu Marlenes ablehnender Haltung zur Presse gab die Publikumszeitschrift ›Photoplay‹; im Mai veröffentlichte sie einen mehrseitigen Artikel, wie Hollywood-Stars nach der tragisch verlaufenen Entführung des Lindbergh-Babys ihre Kinder schützten. Mit diesen Informationen versehen, bedrohten Erpresser Marlene Dietrich mit der Entführung ihrer Tochter. Maria wurde nun noch schärfer bewacht und mußte jeden Tag mit zu den Dreharbeiten ins Atelier. Hollywood war nicht

52 Maurice Chevalier, Marlene Dietrich und Gary Cooper 1932 bei der Hollywood-Premiere von ›Sign of the Cross‹ (Im Zeichen des Kreuzes)

> Sein jüngster Film ist möglicherweise sein schlechtester. Hier hat Sternberg samt seinen Talenten einen Tiefpunkt erreicht. Die Aufnahmen sind entschieden maniert – eine widerliche Mischung aus diffusem Licht, gesofteten sowie über- und unterbelichteten Bildern, wobei jede Szene so offensichtlich »komponiert« ist, daß es wehtut. Sternbergs Rhythmus ist zu sinnlosen, hin- und herwogenden Strukturen degeneriert.
>
> *Dwight MacDonald, ›Notes on Hollywood Directors‹,*
> *in: ›Symposium‹, April und Juli 1933*

mehr das Paradies, zu dem Marlene es nach ihrer Rückkehr aus Deutschland erklärt hatte. Es war ein gefährlicher und ein harter Arbeitsplatz geworden.

Im September 1932 war ›Blonde Venus‹ beendet und fertig geschnitten; Sternberg hielt sich zur Vorbereitung seines neuen Films ›Hurricane‹ in Puerto Rico auf. Marlene war mit ihren Nerven am Ende. Sie wollte nach Deutschland zurück und bat Rudi wieder einmal um seine Einschätzung. Seine Antwort vom 16. September 1932 war ernüchternd: »Ich rate Dir, jetzt nicht nach Deutschland zu gehen – politische Situation schrecklich – Neuwahlen – Gefahr eines Bürgerkriegs«. Am 23. September 1932 war die amerikanische Premiere der ›Blonden Venus‹. Die Kritik senkte zum ersten Mal den Daumen nach unten.

In Amerika war der Film nicht der Erfolg, den Paramount nach ›Shanghai-Express‹ erwartet hatte; im Ausland dagegen und vor allem in Deutschland stürmten die Besucher die Kinos.

Laut ihrem Vertrag mußte Marlene noch einen Film für die Paramount drehen. Nach den Auseinandersetzungen um die ›Blonde Venus‹, nach all den negativen Erfahrun-

---

Rouben Mamoulian (8. Oktober 1897 in Tiflis, Georgien – 4. Dezember 1987, Los Angeles). Begann als Theaterschauspieler und inszenierte Aufführungen in London und New York. 1929 drehte er seinen ersten Film ›Applause‹. Weitere Arbeiten: ›City Streets‹ (1931), ›Dr. Jekyll and Mr. Hyde‹ (1932), ›Love Me Tonight‹ (1932); ›Queen Christina‹ (›Königin Christina‹, 1933); ›Becky Sharp‹ (1935) ›Silk Stockings‹ (›Seidenstrümpfe‹, 1957)

gen des Jahres 1932 hatte Sternberg Marlene geraten, ihren
letzten Film in Hollywood unter der Regie Rouben Ma-
moulians zu drehen. Danach wollten sie versuchen, in
Deutschland zu arbeiten. Schon im Februar 1932 hatte sie
in einem Interview erklärt, nach Deutschland zurückkehren
zu wollen. Sternberg werde auch dort ihr Regisseur sein.

Die Paramount wählte als nächsten Dietrich-Film einen
Stoff von Hermann Sudermann, ›Das hohe Lied‹. Es scheint,
daß niemand von dieser Idee wirklich angetan war. Mamoulian lehnte den Stoff ab, aber Sternberg und Dietrich
baten ihn dringend, den Film zu drehen. Mamoulian reichte das Drehbuch an Brian Aherne weiter, der für eine der
Hauptrollen vorgesehen war. »Ich hatte keinen Zweifel«,
so Aherne, »das Script war schlecht, und meine Rolle war
undankbar. Ich fragte mich, was Marlene Dietrich veran-
laßt hatte, dieses Script anzunehmen.« Am ersten Drehtag
begrüßte sie ihn mit den Worten: »Warum machen Sie
denn diesen idiotischen Film? Ich muß es wegen meines
Vertrags machen, aber Sie sind doch der bekannte Schauspieler aus New York, und Sie können machen, was Sie
wollen. Sind Sie verrückt?« Aherne traute sich nicht, ihr
den Grund zu nennen. Er wollte unbedingt mit ihr in einem Film spielen.

›Song of Songs‹, so der endgültige Titel des Films, ist
ein solide und in Maßen auch elegant gemachter Hollywood-Film. Mamoulian be-
herrschte sein Handwerk,
aber diese Produktion war
erkennbar reine Routinearbeit. Im Kontext der Filme

53 Mit Brian Aherne

von Marlene Dietrich widerspricht er auf schon absurde Art dem Image, das das Paar Sternberg/Marlene aufgebaut hatte. Marlene spielt Lilly Czepanek, ein Mädchen vom Lande, das nach dem Tod ihres Vaters in Berlin unterkommt und dort von dem Bildhauer Waldow (Brian Aherne) modelliert wird. Natürlich verlieben sich die beiden, aber auch der Baron von Merzbach hat ein Auge auf Lilly geworfen. Waldow verzichtet auf Lilly zugunsten seines Mäzens Merzbach, und Lilly wird nun Frau Baronin. Auf dem Gut des Barons lernt sie Klavier spielen, die französische Sprache und tanzen – alles das beherrschte Marlene perfekt – und wird der Gesellschaft als das Produkt des Barons vorgeführt. Lilly flieht in die Stadt, wird Sängerin und begegnet dort Waldow, mit dem sie sich letztlich wieder versöhnt.

Die Paramount wollte mit diesem Film eine »feminine« Marlene erschaffen. Deshalb ist sie hier ein Objekt in schönen Kleidern, hat aber keinen eigenen Charakter. Schlimmer noch, sie ist am Ende eine gebrochene Frau, die ein Schicksal beklagt, das ihr von den Männern zugefügt wurde. Es ist ein kitschiges Küchendrama, angesiedelt in höheren Kreisen. Die Filmmusik ist eine wilde Mischung aus Beethoven, Tschaikowski und Friedrich Hollaender. Sieht man den Film im Zusammenhang mit ihren vorhergehenden Hollywood-Produktionen, dann wird deutlich, wie autonom und wie selbstbewußt Marlenes Rollen in den Sternberg-Filmen angelegt sind. Alfred Kerr, der ›Song of Songs‹ 1933 im französischen Exil sah, prägte den klassischen Verriß: »Manches in dem Film ist fast ertragbar.« Marlene erschien zwar 1933 zur französischen Premiere;

Song of Songs (Das hohe Lied). USA 1933. Regie: Rouben Mamoulian; Buch (nach dem gleichnamigen Roman von Hermann Sudermann): Leo Birinski, Samuel Hoffenstein; Kamera: Victor Milner; Bauten: Hans Dreier; Kostüme: Travis Banton; Musik: Friedrich Hollaender. Mit Marlene Dietrich (Lily Czepanek), Brian Aherne (Richard Waldow), Lionel Atwill (Baron von Merzbach), Alison Skipworth (Frau Rasmussen) u. a.

als sie aber im Herbst 1933 wieder in New York landete,
erklärte sie, »Ich habe bis jetzt fünf Filme gemacht«, und
nahm statt ›Song of Songs‹ den Stummfilm ›Die Frau,
nach der man sich sehnt‹ in die Reihe ihrer Filme auf.
›Song of Songs‹ galt nicht. Für sie selbst und für die Öffentlichkeit sollte der Film aus dem Gedächtnis verschwinden. Als sie in den fünfziger Jahren ihre Konzertkarriere
begann, nahm sie Hollaenders Song ›Johnny‹ in ihr Reper-
toire auf. In ›Song of Songs‹ hatte sie ihn auf englisch gesungen. Ihre Konzertmoderation begann sie dagegen mit
den Worten: »Dieses Lied singe ich auf deutsch, weil dafür
niemals ein englischer Text geschrieben wurde.«

Ende 1932 war Sternbergs Vertrag mit der Paramount aus-
gelaufen. Zur allgemeinen Verblüffung verlängerte er ihn
nicht, obwohl er bereits vier Monate an seinem neuen Film
gearbeitet hatte.

Rudi Sieber kam Mitte Dezember 1932 aus Paris nach
Hollywood. In seinem Gepäck hat er ein Drehbuch von
Carl Zuckmayer, das die Ufa Marlene Dietrich anbot. Im
Januar 1933 reiste Josef von Sternberg nach Berlin. Er behauptete zwar jedem gegenüber, daß er sich nur auf einer
Bildungsreise durch Europa befände, aber natürlich suchte er nach der Lösung von Paramount ein neues Projekt
und einen neuen Vertrag. Zur selben Zeit weigerte sich
Marlene in Hollywood, weiter für ›Song of Songs‹ zur
Verfügung zu stehen. Sie wollte weg aus Hollywood,
nach Berlin, um die Planungen für den deutschen Film
voranzutreiben. Offen konnte sie das nicht sagen, und
deshalb behauptete sie, daß das Drehbuch unerträglich
und die Dialoge lächerlich seien. Mit einer Schadenser-

Der Film geht gut voran, und jeder ist über meine sogenannte
Schauspielkunst begeistert – habe überhaupt keine Schwierigkeiten – Mamoulian akzeptiert alles, was ich sage, und macht zwei
Aufnahmen von jeder Szene – die letzten Male mit Joe kommen
mir vor wie ein schlechter Traum, aber die inspirierende Atmosphäre fehlt mir, und ich erkenne jetzt mehr als zuvor, wie weit
er alle anderen überragt.
Telegramm von den Dreharbeiten Mitte März 1933 an Rudi Sieber

satzklage in Höhe von 200 000 Dollar zeigte ihr die Paramount, wie die Kräfteverhältnisse in Hollywood verteilt
waren. Marlene lenkte ein, und Sternberg machte in Berlin die Paramount für die juristische Auseinandersetzung
verantwortlich. Das Manuskript zu ›Song of Songs‹ sei
noch schlechter als das zur ›Blonden Venus‹ – und das
wolle sich Marlene nicht mehr bieten lassen. Die Strategie
der beiden war bestens abgesprochen.

Die Reise nach Deutschland war inzwischen fraglich
geworden; am 31. Januar übernahm Adolf Hitler die
Macht, am 27. Februar 1933 brannte der Berliner Reichstag.
Unter dem Vorwand des Verdachts der Brandstiftung wurden demokratische und oppositionelle Kräfte in Deutschland verhaftet. Wieder war es Sieber, der Marlene riet,
nicht auf Arbeit in Deutschland zu hoffen. Wenn sie schon
kommen wolle, so sollte sie wenigstens einen Vertrag mit
der Paramount als Rückversicherung in der Tasche haben.

So unterzeichnete Marlene am 4. Mai 1933, wenige Tage
nach Ende der Dreharbeiten zu ›Song of Songs‹, einen solchen Vertrag für zwei neue Filme. Das Abkommen sicherte
ihr weitgehende Mitspracherechte bei Stoff und Drehbuch
zu, erhöhte ihre Gage auf 150 000 Dollar plus Gewinnbe-
teiligung und bestimmte Sternberg zum Regisseur. Zehn
Tage später befand sie sich mit ihrer Tochter an Bord der
»SS Bremen«, fuhr aber nicht bis Bremerhaven; unter den
neuen Machthabern in Deutschland konnte sie nicht mit
Sternberg arbeiten. Ihr Ziel war Cherbourg in Frankreich.

54 Ankunft auf
dem Gare St. Lazare
mit Rudi Sieber
(links) und dem
Paramount-Vertreter
in Frankreich, David
Souhami

The Scarlet Empress

Die Reise nach Paris bereitete die Paramount mit einem lancierten Skandal vor. In der amerikanischen Presse erschienen Meldungen, daß Marlene, falls sie in männlicher Kleidung in Frankreich auftauchen sollte, von der Polizei verhaftet werden würde. Die Nachricht ging natürlich sofort um die Welt. Am 20. Mai 1933 kam Marlene in Paris an und stieg auf dem Bahnhof St. Lazare in einem Männeranzug und einem roten Polomantel aus. Mit ihrer runden schwarzen Sonnenbrille sah sie zwar aus, als sei sie direkt einem Mafia-Film entsprungen – verhaftet wurde sie aber nicht. Im Gegenteil, nach einem kurzen Abstecher nach Wien nahm sie in Paris an einer Wohltätigkeitsveranstaltung zugunsten des Hilfsfonds der französischen Polizei teil; Gastgeberin war die Frau des Pariser Polizeipräsidenten Chiappe, und Marlene war der Gast, der am meisten Aufsehen erregte. Ihr Freund Richard Tauber sang an diesem Abend auf der Gala die Arie ›Dein ist mein ganzes Herz‹ und erzählte Marlene, daß er in Berlin nach einem Treffen mit dem Arbeitsminister des Hitler-Kabinetts von Nazis verprügelt worden war. Viele ähnliche Geschichten hörte sie in Paris und in Wien. Am Tag nach der Wohltätigkeitsveranstaltung gab sie auf

55   Mit Richard Tauber

einem Empfang der Paramount bekannt, daß sie nicht nach Deutschland gehen werde, sondern mit Sternberg zwei neue Filme in Hollywood machen wolle.

Ende Juli 1933 nahm Marlene in Paris mit Peter Kreuders Orchester und den aus Deutschland geflohenen Künstlern Franz Wachsmann und Max Kolpe neue Platten auf. Auf diese Aufnahmen war sie besonders stolz, das Engagement der *refugees* – wie sie Kolpe und Wachsmann in einem Brief an Mercedes d'Acosta bezeichnete – war ein erstes Engagement für die Verfolgten der Nazis, dem viele weitere folgen sollten. Peter Kreuder dagegen sollte bald für Leni Riefenstahl arbeiten. Er komponierte 1935 die Musik für den Propagandafilm ›Tag der Freiheit! – Unsere Wehrmacht‹.

Für einen Monat zog sich Marlene mit Familie nach Cap d'Antibes an die französische Riviera in den Urlaub zurück. In Hollywood saß Sternberg bereits am Drehbuch zu ihrem nächsten Film ›The Scarlet Empress‹, in dem Marlene Katharina die Große spielen sollte. Im August sah sie in Paris zwei Filme mit Rudolf Forster und war, wie ihr Freund Walter Reisch schreibt, »für Europa wieder ganz eingenommen«. Nun, da die Reise nach Holly-

Ich fahre am Mittwoch (nach Salzburg) – weiß, daß ich leiden werde – denn je schöner es ist, desto größer die Schmerzen – und habe wieder einmal alles falsch eingerichtet – gerad vor der Hollywood-Reise sich wieder in Oesterreich zu verlieben – wieder neu und schmerzlich! – Sehnte mich nach allem Pariser Rummel schon nach dem plötzlich zur Heimat aufsteigenden Hollywood, und anstatt diese Sehnsucht zu pflegen gehe ich noch kurz vorher nach Oesterreich, und weiß, daß dadurch die große Reise wieder Schmerz sein wird. – Wenn ich Sie nur sähe! – Sie glauben das sicher nicht, aber ich könnte Sie besser pflegen als andere. – Ich bin doch Schauspielerin (ein Titel, der mir in Ihrer Nähe wirklich nicht zukommt) wider Willen – eigne mich viel besser zur Frau. – Jetzt lachen Sie. – Wüßte gern, ob Ihnen meine französische Platte gefällt (die deutschen sind schlecht) … So kleine Lieder – noch am Mikrophon ist das einzige, was ich vielleicht kann. Vielleicht! – Trotzdem ich nicht wagen würde, Sie zu küssen, tue ich es jetzt, weil es auf Papier so leicht ist und Sie nicht ärgerlich machen kann.
An Rudolf Forster aus Fetau, 16. August 1933

wood näher rückte, fühlte sich Marlene der europäischen Kultur wieder nahe.

Unter großer Begeisterung der französischen Presse nahm sie Anfang September in Paris noch an der Premiere von ›Song of Songs‹ in Paris teil und fuhr anschließend mit der »SS Paris« nach Amerika zurück. Das Detail, daß sie statt eines deutschen Schiffes ein französisches buchte, wurde von der amerikanischen Presse aufmerksam beachtet. In ihrem neuen Film, sagte sie bei ihrer Ankunft in New York, werde sie Katharina die Große darstellen, mehr wisse sie nicht; sie werde spielen, was man ihr als Drehbuch geben würde. Auf die Frage, was passierte, wenn Hitler sie nach Deutschland zurückbeorderte, antwortete sie: »Wenn ich nach Deutschland gehen will, dann gehe ich, ob Hitler nun da ist oder nicht. Ich glaube allerdings, daß er von mir gar nicht gehört hat. Ich denke, er hat wichtigere Dinge im Kopf.« Eines der wichtigen Dinge, an die in Deutschland gedacht wurde, war die öffentliche Verbrennung von Büchern kritischer Autoren am 10. Mai 1933. Und einer jener verfemten Autoren befand sich auf dem gleichen Schiff wie Marlene. Emil Ludwig, der bekannte Biograph, war auf dem Weg nach Hollywood.

56, 57 Marlene Dietrich und Josef von Sternberg 1933 in der Dekoration von ›The Scarlet Empress‹

Der Film, über dessen Inhalt Marlene vorgab, so gut wie nichts zu wissen, trug zunächst den Titel ›Her Regiment of Lovers‹, was aber der Paramount zu gewagt und Marlene möglicherweise zu nah an ihrer Lebensrealität war. Der Titel wurde mehrmals geändert, unter anderem auch, weil Alexander Korda in England bereits den Titel ›Katharina, die Große‹ für einen Film mit Elisabeth Bergner angemeldet hatte. Von Herbst bis zum Frühjahr des Jahres 1934 dauerten die Dreharbeiten in Hollywood – eine Zeit, mit der nicht alle Mitarbeiter die angenehmsten Erinnerungen verbanden. Sternberg kritisierte den Kameramann, die Beleuchter, den Bildhauer, die Zeichner und natürlich die Schauspieler. Mit Sam Jaffe, dem Darsteller des debilen Zaren, gab es gleich am ersten Drehtag einen solchen Streit, daß Jaffe die Weiterarbeit verweigerte. Sternberg nahm ihn zur Seite und sprach auf ihn ein: »Sam, du mußt wissen, allein in Japan habe ich 70 Millionen Anhänger.« Jaffe antwortete, »Jesus hatte nur zwölf«, und gab den Dialog an die Presse. Damit hatte er seine Ruhe, aber das Aufnahmestudio wurde für die Presse gesperrt. Marlene litt ebenso unter Sternbergs Allüren; gleichzeitig belastete sie die politische Situation in Europa. Gegenüber der Presse gab sie sich völlig indifferent, aber bereits im September 1933 schrieb sie an ihren Mann: »Bitte fahre sofort ab, wenn Gefahr droht; tue mir die Liebe und kaufe morgen sofort große Koffer, in die du alles hineinschmeißen kannst und abhauen. Du weißt, daß es immer an Koffern fehlt im letzten Moment.«

Die Tochter Maria, die aus Sorge vor Kidnappern weiterhin im Studio bleiben mußte, spielte Katharina als

Ich weiß, daß du immer diese Figur [der Katharina] spielen wolltest, und dies trieb mich immer wieder zu diesem Stoff bis ich die Lösung fand – du kannst dir vorstellen, wie glücklich ich bin, daß ich einen Lieblingswunsch von dir mit Begeisterung in Erfüllung bringen kann.

Josef von Sternberg an Marlene Dietrich, 13. Juli 1933

Kind – ihre erste Filmrolle. ›The Scarlet Empress‹ hatte, um dem englischen Film ›Catherine the Great‹ Paroli zu bieten, im Mai 1934 in London Premiere; erst im September kam er in Amerika heraus. Und er wurde ein großer Flop. Sternberg hatte sein Publikum überschätzt, es folgte ihm nicht mehr, und daran konnte auch Marlene Dietrich nichts ändern. Die Presse, von den Dreharbeiten ausgeschlossen, zahlte es Sternberg nun heim. Marlene stünde unter seinem unheilvollen Einfluß, sie müsse ihre Abhängigkeit durchbrechen, sonst würde sie mit ihm untergehen, warnten die Hollywood-Journalisten. Aber Marlene dachte gar nicht daran, Sternberg aufzugeben. Ihr gefiel der Film, und die Geschichte sollte ihr Recht geben.

Die junge und naive deutsche Prinzessin Sophie Friederike wird an den russischen Zarenhof geschickt, um dort mit dem debilen Großfürsten und Thronfolger Peter (Sam Jaffe) verheiratet zu werden. Nach dem Tod der Zarina Elisabeth beginnt die Schreckensherrschaft des Zaren. Mit Hilfe von Armee und Kirche läßt Sophie Friederike den Zaren ermorden und setzt sich als Zarin Katharina ein. Diese historische Rahmengeschichte nutzt Sternberg, um ein Gemälde aus Macht, Herrschsucht und Willkür zu zeichnen. Die Zarina Elisabeth ist eine bösartige Tyrannin, der Hof von in Stein gemeißelten Monstren besetzt, und dem Thronfolger fließt bei seinen nächtlichen Abenteuern der Geifer aus dem Mund. In dieser vergifteten Atmosphäre erscheint Marlene Dietrich zunächst wie eine unschuldige Schönheit. Aber sie begreift die Regeln der Intrige und der Verführung schnell. Und je erfahrener sie wird, um so entrückter und schöner wird sie in Sternbergs Aufnahmen. In ei-

The Scarlet Empress (Die scharlachrote Kaiserin; Die große Zarin). USA 1934. Regie: Josef von Sternberg; Buch: Manuel Komroff; Kamera: Bert Glennon; Bauten: Hans Dreier; Skulpturen: Peter Ballbusch; Kostüme: Travis Banton, Ali Hubert. Mit Marlene Dietrich (Sophia Frederica, Katharina II), John Lodge (Graf Alexei), Sam Jaffe (Großherzog Peter), Louise Dresser (Kaiserin Elizabeth), Maria Sieber (Sophia Frederica als Kind), C. Aubrey Smith (Prinz August) u. a.

ner extremen Großaufnahme zeigt er sie bei der Hochzeit mit dem Großfürsten, jeder ihrer Atemzüge läßt durch einen Schleier hindurch die Flamme einer Kerze vor ihrem Gesicht erzittern. Nach der Geburt ihres ersten Kindes überreichen ihr die Popen ein Schmuckstück, und auch hier läßt Sternberg sie hinter einem Schleier verschwinden – nur noch als Ahnung von Schönheit, als Imagination und entrückte Erscheinung. Die historischen Kostüme, Pelze und Reifröcke sind Statussymbole des Hofes und ein ironischer Kommentar zu den aufgeplusterten Garderoben in ›Song of Songs‹ – die wahre Katharina reitet in einer weißen Phantasieuniform die Stufen des Palastes hinauf und, so Sternberg in seinem ersten Entwurf, »in einer Ekstase, wo sie selbst den Sturm der Glocken beginnt, schwingt sie sich auf zur Zarina … kein Mann wird sie je mehr gebrauchen«. Sternbergs Film ist eine Orgie der

Überblendungen, der visuellen Opulenz und ein Lehrstück der akustischen Dramaturgie. »Der Ton, stellen Sie den Ton lauter«, herrschte Marlene Maximilian Schell an, als er ihr für sein filmisches Portrait einen Ausschnitt aus ›The Scarlet Empress‹ vorführte. Mit dem Schlagen der Hufe auf dem Holzboden wird der Sieg Katharinas eingeleitet und mit dem Läuten

58   Als Katharina auf dem Gipfel der Macht

der Glocken der Tod des Zaren und der Triumph der Zarin besiegelt. Sternberg komponierte auch einen Teil der
Musik, er dirigierte das Los Angeles Symphony Orchestra
bei den Aufnahmen zur Filmmusik und erntete für sein
Werk bei den Kritikern doch nur ein zwiespältiges Echo.
Das amerikanische Fachblatt ›Variety‹ nannte den Film
»eine der bedeutendsten Leistungen, seit es den Tonfilm
gibt«, aber der Kritiker der ›New York Herald Tribune‹
traf eher den Geschmack des zeitgenössischen Publikums: »Der Film stellt mit seinen geradezu idiotischen
Manieriertheiten einen neuen, nicht zu überbietenden Re-
kord auf.«

Vom Mißerfolg beim Publikum ließen sich Sternberg und
Dietrich aber nicht beeindrucken. Sie hatten einen Vertrag,
der ihnen weitgehende Autonomie zusicherte, und schon
bei der Premiere von ›The Scarlet Empress‹ war Sternberg
mit den Vorbereitungen für sein nächstes Werk beschäftigt.
Es wurde der Film, den Marlene am meisten schätzte, der
Abgesang des Paars Dietrich/Sternberg und kommerziell
das größte Desaster, das die Paramount jemals mit einem
Dietrich-Film erleben sollte.

Den Stoff entlieh sich Sternberg aus dem lange Zeit ver-
botenen Buch ›La femme et le pantin‹ von Pierre Louys,
einer in Spanien angesiedelten, romanhaften Abhandlung
über die Hörigkeit eines Mannes von seiner Geliebten. Das
Sujet bot Anlaß für Spekulationen. Verfilmte Sternberg hier
seine Beziehung zu Marlene, war dies eine bösartige Ab-

Es ist nicht schwer zu begreifen, warum Hollywood eine so vehe-
mente Abneigung gegen den neuen Film von Josef von Sternberg
zum Ausdruck gebracht hat. Denn der begabte Regisseur und Kameramann hat mit ›The Devil is a Woman‹ einen mokanten, un-
barmherzigen Angriff auf das von Hollywood während all der
Jahre so andächtig abgehandelte Motiv vom romantischen Sex gestartet. Sein Erfolg ist zugleich sein Scheitern. Unvermeidlich wird
der intellektuellste Film, der jemals in Amerika produziert wurde,
von neun Zehnteln des normalen Kinopublikums mißverstanden
und abgelehnt werden.
André Sennwald, in: ›The New York Times‹, 4.9.1935

rechnung mit der Geliebten? Um die Spekulationen ab-
zukürzen: Es war seine letzte Hommage an jene Frau, mit
der er fünf Jahre gelebt, gestritten, die er geliebt, an und
mit der er gelitten hatte. Ende August 1934 war der erste
Drehbuchentwurf unter dem Titel ›Caprice Espagnol‹ fertig, aber der Stoff brauchte noch drei Drehbuchautoren
und einen Monat intensiver Bearbeitung bis zum Abschluß. Einer der Autoren war der Dichter John Dos Passos, für den die Arbeit an diesem Film allerdings nicht
mehr als ein Brotjob war. In Hollywood engagierte man
gern bekannte junge Autoren und wußte dann nichts besseres mit ihnen anzufangen, als sie Stoffe bearbeiten zu
lassen. Aus Spanien schickte Ehemann Rudi Fächer,
Kämme und Masken für seine Frau, damit Marlene wenigstens in den Accessoires als authentische Spanierin erschien. Am 17. Oktober 1934 begannen die Dreharbeiten,
und schon einen Monat darauf gab es einen großen Krach.
Der Darsteller Joel McCrea weigerte sich, mit Sternberg
weiterzuarbeiten. An seiner Stelle wurde Cesar Romero
engagiert. Romero war begeistert, an der Seite Marlene
Dietrichs zu spielen; die Begeisterung legte sich aber rasch,
als er merkte, wie Sternberg mit ihm und den Schaupie-
lern umging. Mit Marlene sprach Sternberg wie in allen
seinen Produktionen grundsätzlich deutsch, was alle jene,
die kein Deutsch verstanden, von der Unterhaltung aus-
schloß – und das waren die meisten. Aber er ging mit ihr
genauso rücksichtslos um wie mit allen anderen. Zehn-
oder zwanzigmal wurden die Szenen wiederholt; bei Marlene, so Romero, konnte es sogar fünfzig und mehr Wie-
derholungen geben. »Sternberg verhielt sich wie ein klei-

In meinen Augen ist ›The Devil is a Woman‹ noch heute
der schönste Film, der je gemacht wurde.
Marlene Dietrich, in:
›Nehmt nur mein Leben‹

ner, fieser Napoleon.« Aber er schaffte es trotz der vielen Aufnahmen und trotz des Austausches eines der Hauptdarsteller, den Film mit nur drei Drehtagen Verspätung zu beenden. Vom 17. Oktober 1934 bis zum 4. Januar 1935 arbeiteten Dietrich und Sternberg an ihrem letzten Film, im Mai 1935 war die Premiere in New York.

In ›The Devil is a Woman‹ bietet Sternberg noch einmal seine ganze Phantasie und Intelligenz zur Inszenierung Marlene Dietrichs auf. Der reiche Don Pasqual entdeckt in einer Zigarettenfabrik die schöne Concha Perez und macht sie zu seiner Geliebten. Concha nutzt die gesellschaftliche Stellung von Don Pasqual und wird zu einer *grande dame*. Gleichzeitig betrügt und demütigt sie ihren Geliebten und macht ihn zum Gespött der Stadt. Als Antonio Galvan, sein alter Freund und ein ehemaliger Revolutionär, ein Verhältnis mit Concha beginnt, fordert ihn Don Pasqual zum Duell. Pasqual schießt absichtlich daneben und wird verwundet. Antonio und Concha verlassen mit dem Zug die Stadt, um in ein anderes Land zu fliehen. Aber an der Grenzstation ändert Concha ihren Entschluß und kehrt zu Don Pasqual zurück.

Sternbergs letzter Dietrich-Film ist ein Spiel der sich immer wieder aufs nseue verpuppenden Larven, der

59 Als Concha Perez in ›The Devil is a Woman‹

Täuschungen und der Blendungen durch Schönheit. Seine Struktur, die den Erzählstrang durch Rückblenden und Nebenhandlungen unterbricht, ist verwirrend und irritierend. Marlene Dietrich, hinter Masken, Fächern und Schleiern verborgen, agiert wie eine etwas überdrehte Puppe, sie tänzelt, kokettiert und verführt. Unter ihrer blendenden Oberfläche brodelt ein ungezügeltes Temperament. Das lauernde Abwarten in ihren früheren Filmen, das Element der lässigen Eleganz ist jetzt einer launenhaften und willkürlichen Leidenschaft für diesen oder jenen Liebhaber gewichen. In einer Karnevalssequenz wird die Szene von Papierschlangen und zerplatzenden Luftballons beherrscht, innerhalb derer Marlene von einer großartigen Kutsche aus mit ihrem neuen Liebhaber anbändelt. Keine Entscheidung, die von einer der handelnden Personen getroffen wird, hat irgendeinen Bestand, ja, es scheint so, als sei alles Geschehen von den Launen der Concha Perez abhängig. Alles ist nur ein Spiel, aber die Regeln des Spiels sind nicht bekannt – noch nicht einmal Concha, die nur ihren momentanen Intuitionen folgt und die Macht ihrer Schönheit und Verführungskünste bedenkenlos einsetzt. Als sie schließlich mit dem ehemaligen Revolutionär Antonio das Land verläßt, erklärt sie den Zöllnern, nach dem Grund der Reise befragt: »Pleasure trip.« Kurz darauf verläßt sie Antonio mit der simplen Begründung: »I've changed my mind« – derselben Redewendung, die schon Gary Cooper als Legionär Tom Brown in ›Morocco‹ Amy Jolly hinterlassen hatte.

In seiner schon fast surrealen Qualität hatte Sternberg es in diesem Werk geschafft, das ganze Kompendium seiner

The Devil is a Woman (Die spanische Tänzerin). USA 1935. Regie: Josef von Sternberg; Buch: John Dos Passos, S. K. Winston nach dem Roman ›Die Frau und der Hampelmann‹ von Pierre Louys; Kamera: Josef von Sternberg, Lucien Ballard; Ausstattung: Hans Dreier; Kostüme: Travis Banton. Mit Marlene Dietrich (Concha Perez), Lionell Atwill (Don Pasqual), Cesar Romero (Antonio Galvan), Edward Everett Horton (Don Paquito), Alison Skipworth (Señora Perez) u. a.

Vorstellung eines künstlerischen Films in Hollywood zu realisieren. Man geht sicher nicht fehl, wenn man darin auch die autobiographischen Elemente seines Leidens und seiner Liebe zu Marlene Dietrich erkennt. Seine Leistung besteht unter anderem aber auch darin, daß er diese ambivalenten Empfindungen in ihren Widersprüchen darstellt und keine einfachen Lösungen bereithält. Mit dieser Haltung entfaltet der Film eine innere und untergründige Spannung, die sich allerdings nur jenen Zuschauern vermittelt, die sich auf diese Ambivalenz einlassen. Das waren 1935 die wenigsten; gefragt waren einfache, klare Geschichten mit eindeutigem, meist glücklichem Ausgang. ›The Devil is a Woman‹ hatte beim Publikum keine positive Resonanz, und es kam für die Paramount sogar noch schlimmer. Die spanische Regierung fühlte sich durch die Charakterisierung der Staatsmacht als einer Gruppe von tölpelhaften Knallchargen beleidigt und forderte, das Negativ des Films zu vernichten; andernfalls drohte man mit einem Boykott aller Hollywood-Filme. Im Herbst 1935 gab die Paramount nach und vernichtete nach offiziellen Angaben das Negativ. Josef von Sternberg, der sich eine Kopie sicherte, ist es zu verdanken, daß der Film erhalten blieb.

In sieben Produktionen hatte Sternberg mit Marlene Dietrich das Bild einer schönen, unabhängigen, erfahrenen und selbstbewußten Frau entworfen, einer Ikone der Moderne, die sich in das Bewußtsein der Welt einge-

Sagen Sie jetzt bloss nicht, daß Marlene mein Werk erfüllt, daß sie sich seiner bemächtigt hat, es besitzt und seine innere Triebfeder ist. Nein, das stimmt nicht. Kein menschliches Wesen, das durch meine Hände ging, war mir mehr wert als das andere. Ein menschliches Wesen war für mich ein obskures Objekt vor der Kamera, das nur dazu da war, meine Befehle auszuführen, einzig und allein das zu tun, was ich von ihm verlangte. Marlene ist in meinen Filmen nicht sie selbst; merken Sie sich das, Marlene ist nicht Marlene. Marlene, das bin ich, das weiß sie besser als jeder andere. *Serge Danay, Jean Louis Noames, ›Rencontres avec un solitaire‹, in: ›Cahiers du Cinéma‹, Paris, Juli 1965. Zit.n.: ›Josef von Sternberg. Dokumentation‹, Mannheim 1966*

brannt hatte. Er hatte Marlene entdeckt, sie war, als sie 1930 das erste Mal nach Hollywood kam, von ihm abhängig und ihm ganz und gar ergeben. Inzwischen hatte sich das Bild gewandelt. Die kommerziellen Mißerfolge der letzten drei Filme lastete man Sternberg, nicht Marlene Dietrich an. Regisseur und Star hätten weiter Filme miteinander machen können, aber er wollte nicht auf Verträge angewiesen sein, die sie für ihn aushandelte. Das änderte nichts an seiner gefühlsmäßigen Bindung an Marlene. Die Trennung, so spöttisch er sich später dazu ausließ, war für ihn sicher schmerzhafter als für sie.

Die Paramount-Leitung aber atmete hörbar auf. Endlich war ihr großer Star aus den Fängen dieses verrückten Regisseurs befreit. Nun konnte man Marlene als Zugpferd anderer Paramount-Produktionen einsetzen. Womit man nicht gerechnet hatte, war die Tatsache, daß Marlene Dietrich auch Sternbergs beste Schülerin war. So schön, so unabhängig und geheimnisvoll wie in Sternbergs Filmen wollte sie auch weiterhin bleiben.

Madeleine

Produktionschef der Paramount war Ernst Lubitsch. Der geborene Berliner galt als Spezialist für delikate europäische Stoffe und war der unangefochtene Meister der *sophisticated comedy*; sein Markenzeichen war der *Lubitsch touch*. Von der Kombination Lubitsch/Dietrich erhoffte man sich einen sicheren Erfolg an der Kinokasse.

Lubitsch war aber als Produktionschef zu beschäftigt, um selbst Regie zu führen. Er dachte zunächst daran, Marlene in einem Film über Napoleons Frau einzusetzen, ließ den Plan jedoch schnell fallen. Auch das weitere Projekt ›Hotel Imperial‹ wurde nach kurzer Zeit aufgegeben. Bereits im März 1935 wurde der Gedanke erwogen, eine Diebesgeschichte zum Ausgangspunkt des neuen Marlene Films zu machen. Gary Cooper stand als männlicher Partner zur Verfügung, und von Warner Bros. lieh man sich den erfolgreichen Regisseur Frank Borzage aus. Nach anfänglichem Zögern stimmte Marlene zu. Von Mai bis August wurde das Drehbuch mindestens fünfmal umgeschrieben. Mitte September 1935 begannen die Dreharbeiten, während ein zweites Team in Spanien mit den Doubeln von Cooper und Dietrich Außenaufnahmen machte. Nach 42 Drehtagen war die Studioarbeit am 10. Dezember 1935 beendet. Insgesamt kostete der Film mehr als jeder Sternberg-Film; von 1 222 000 Dollar bekam allein Marlene 200 000 Dollar, Borzage dagegen erhielt »nur« 87 000 Dol-

---

In fast allen Lubitsch-Filmen geht es um Erotik und Verführung. Da das Thema Sex in der damaligen Filmindustrie vollkommen tabuisiert war, entwickelte Lubitsch eine kunstvolle Zeichensprache der Sexualität. Kaum jemand hat so viele Varianten gefunden, dem Zuschauer etwas zu signalisieren, das er eigentlich nicht sehen darf.

Robert van Ackeren, in: ›Lubitsch‹,
hg. v. Hans Helmut Prinzler und Enno Patalas, 1984

lar. Marlene Dietrichs Stellung als Star war also nach wie vor unangefochten. Inzwischen hatte die *crook story* den Titel gewechselt. Sie hieß nun ›Desire‹ und basierte auf der Vorlage des deutschen Films ›Die schönen Tage von Aranjuez‹.

Obwohl Frank Borzage ein erfahrener und stilsicherer Regisseur war, trägt ›Desire‹ deutlich den Stempel von Lubitsch. Lubitsch hatte Marlene spüren lassen, daß die alten Zeiten, in denen sie auf alles und jedes Einfluß nehmen konnte, passé waren. Das Drehbuch bekam sie erst im letzten Augenblick. Was immer an Problemen bei den Dreharbeiten aufgetaucht sein mochte, der Film zeigt nichts von diesen Schwierigkeiten; es ist vielmehr eine leichte, etwas amoralische Komödie und über große Strecken in bester Lubitsch-Tradition inszeniert.

Wieder spielt der Film in Spanien, aber dieses Spanien ist ganz anders als das Sternbergs. Es ist eine Wunschlandschaft nach dem Geschmack des amerikanischen Autoingenieurs Tom Bradley, der dort für zwei Wochen Urlaub macht. Marlene spielt die Perlendiebin Madeleine, die in Paris mit einem clever ausgedachten Coup eine Halskette stiehlt und nach Spanien flüchtet. An der Grenze steckt sie Tom Bradley die Kette ins Jackett, um nicht in die Fänge des Zolls zu geraten. Um wieder in den Besitz der Halskette zu gelangen, lädt sie Bradley in ihr Haus ein, wo sich auch ihr krimineller Kompagnon aufhält. Natürlich verliebt

60 Als Madeleine de Beaupré in ›Desire‹

61 Marlene Dietrich und
Gary Cooper kontrollieren eine
Belichtungsprobe

62 Hollaender und Marlene

sich Bradley in Madeleine, und nach einigen Verwicklungen findet das Paar auch zueinander.

In ›Desire‹ verbirgt Marlene schon aus Gründen ihrer kriminellen Profession ihre wahre Identität. Einem Juwelier spielt sie die Ehefrau eines reichen Arztes vor, dem Arzt gegenüber gibt sie sich als Ehefrau des Juweliers aus, der einer psychologischen Behandlung bedarf. Unter anderem präsentiere er Fremden gern als erstes hohe Rechnungen. Und mit diesem gerissenen Trick stiehlt sie dem Juwelier die Perlenkette. Tom Bradley spielt sie eine Gräfin vor. Und nur Bradley gibt sich so, wie er ist – als ein gutaussehender, etwas naiver Amerikaner, der sich mit dem Urlaub in Spanien einen Kindheitstraum erfüllt.

Desire (Sehnsucht). USA 1936. Regie: Frank Borzage; Buch: Edwin Justus Mayer, Waldemar Young, Samuel Hoffenstein nach dem Stück ›Die schönen Tage von Aranjuez‹ von Hans Szekely und Robert A. Stemmle; Kamera: Charles Lang Jr.; Bauten: Hans Dreier, Robert Usher; Kostüme: Travis Banton; Song: Frederic Hollaender und Leo Robin. Mit Marlene Dietrich (Madeleine de Beaupré), Gary Cooper (Tom Bradley), John Halliday (Carlos Margoli), William Frawley (Mr. Gibson), Ernest Cossart (Aristide Duvalle) u. a.

»Awake in a dream«, singt Marlene, und dies charakterisiert genau die Haltung des Films, der nichts mehr sein will als Unterhaltungs- und Wunschtraumkino und diese Absicht auch auf hohem Niveau erfüllt. Marlene trägt die elegantesten Garderoben, sie spielt glaubhaft und mit Charme die Salondiebin. Nur als sie sich Tom Bradley zu erkennen gibt und ihre wahre Geschichte enthüllt, verwandelt sie sich in eine brave, ihren zukünftigen Mann anhimmelnde Braut – eine Rolle, die ihr nicht steht und die auch nicht zu ihr paßt.

Der Anfang, Marlenes Image von Sternberg zu lösen, war gemacht. In seiner zweiten Produktion mit Marlene Dietrich führte Lubitsch selbst Regie. Im März und April 1937 wurde ›Angel‹ gedreht – ein Stoff, den die Paramount für Lubitsch gekauft hatte, nachdem die Universal den Gedanken an eine Verfilmung wegen Zensurbedenken aufgegeben hatte. Auch Lubitsch sollte Schwierigkeiten mit den Moralhütern bekommen, aber ihm traute man noch am ehesten zu, das Thema des Ehebruchs so dezent zu behandeln, daß es der Zensur nicht unangenehm auffiel.

Abermals ist Marlene eine geheimnisvolle Frau, die ihre Identität auf keinen Fall preisgeben will. Maria Barker, die Ehefrau des englischen Diplomaten Sir Frederick, fliegt nach Paris und bucht in einem Nobelhotel unter falschem Namen ein Zimmer. Sie hat eine kurze, aber leidenschaftliche Affäre mit dem englischen Gentleman Anthony Halton. Die Affäre endet im Hotelzimmer, aber diese Sequenz fiel der Zensur zum Opfer. Halton fragt seine Geliebte nach ihrem Namen, doch sie antwortet: »Warum sollen wir einen so schönen Abend mit Namen verderben?« Und des-

Angel (Engel). USA 1937. Regie: Ernst Lubitsch; Buch: Samson Raphaelson nach dem Stück ›Ankyal‹ von Menyhert Lengyel; Kamera: Charles Lang Jr.; Bauten: Hans Dreier, Robert Usher; Kostüme: Travis Banton; Song: Frederic Hollaender und Leo Robin. Mit Marlene Dietrich (Maria Barker), Herbert Marshall (Sir Frederick Barker), Melvyn Douglas (Anthony Halton); Edward Everett Horton (Graham) u. a.

halb kennt Halton sie nur unter dem Namen Angel. So unerwartet, wie sie gekommen ist, verschwindet Angel auch wieder aus Paris. Bei einem Essen in London entdeckt Halton in Sir Frederick jenen Mann, mit dem er in seiner Jugend die Freundschaft zu einer schönen Pariserin geteilt hatte. Er erzählt ihm von Angel, und im Haus von Sir Frederick findet er sie wieder. Maria streitet anfangs jegliche Ähnlichkeit ab, doch nachdem Sir Frederick eine diplomatische Mission einer gemeinsamen Reise nach Wien vorzieht, verabredet sie sich mit Halton in Paris. Sir Frederick hat inzwischen bemerkt, wer mit Angel gemeint ist, und so kommt es in Paris zu einem Treffen aller drei beteiligten Personen. Maria Barker kehrt zu ihrem Mann zurück, und Angel bleibt in beiderseitigem Einverständnis die geheimnisvolle Frau ohne Namen und Identität.

Lubitschs Film ist eine von Intelligenz funkelnde Komödie, raffiniert geschrieben und stilsicher inszeniert. Die Erzählung steckt voller Spiegelungen, Parallelhandlungen und subtiler Andeutungen. So wiederholt sich die Jugendgeschichte von Sir Frederick und Halton in der Gegenwart, die Dienerschaft debattiert die politischen Konstellationen anhand der Garderobe und des Benehmens der Diplomaten, und eine romantische Melodie, durchs Telefon belauscht, verrät dem Ehemann die Liaison seiner unzu-

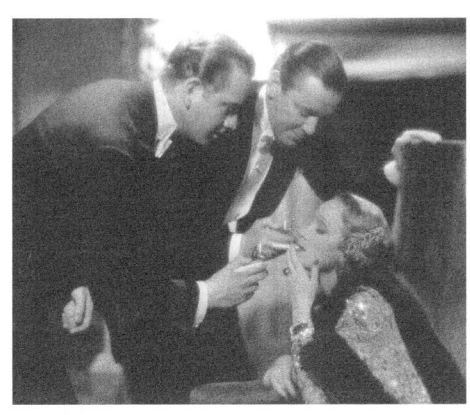

63 Melvyn Douglas, Herbert Marshall und Marlene Dietrich in ›Angel‹

friedenen Frau. Das Leben des Diplomaten ist streng reglementiert, und gleichzeitig wird diese strenge Ordnung mit ebensolcher Bestimmtheit in Frage gestellt. Wieder trägt Marlene die erlesensten Garderoben und ausgefalle Hutkreationen. Sie verkörpert auf perfekte Weise den strahlenden Glanz, den Hollywood in der Verbindung von europäischer Tradition und amerikanischer Nonchalance immer wieder aufs neue inszenierte. Nur paßt diese Rolle so ganz und gar nicht zu ihrem Image der kühlen, überlegenen Frau. Zu oft schlägt sie in diesem Film nachsichtig die Augen nieder oder himmelt ihren Partner an; sie wirkt durch die Kameraführung und durch die Charakterisierung der Rolle wesentlich kleiner als die Männer und muß zu ihnen heraufschauen. Letztlich kämpft sie um ihren Mann, stellt ihn vor eine Alternative und gibt doch schließlich wieder nach.

Die Rollen, die Marlene Dietrich jetzt spielte, waren deutlich konventioneller, ihr Spielraum war eingeengt gegenüber den viel willensstärkeren und unabhängigeren Charakteren, die Sternberg ihr zugetraut hatte. ›Angel‹ war eine teure Prestigeproduktion der Paramount und bei aller Perfektion und blendenden Oberfläche erwies sie sich doch nicht als der Kassenschlager, den man sich erwartete. Marlene war wie »aus der Zeit gefallen«, ihr Image, das sie mit Sternberg geschaffen hatte, ließ sich nicht einfach in andere Stoffe und in einen anderen Stil transportieren. Sie war immer noch der große Star, das Symbol des *glamour*, sie zählte zu den höchstbezahlten Schauspielern Hollywoods – aber es gab keine Rollen mehr für sie. Das hatte sich schon in zwei früheren Produktionen angekündigt.

The Garden of Allah (Der Garten Allahs) USA 1937. Regie: Richard Boleslawski; Produzent: David O'Selznick; Buch: W. P. Lipscomb, Lynn Riggs; Kamera: Virgil Miller; Bauten: Edward Boyle; Kostüme: Ernst Dryden; Musik: Max Steiner. Mit Marlene Dietrich, Charles Boyer, Basil Rathbone, C. Aubrey Smith, Joseph Schildkraut u. a.

64 Dreharbeiten zu ›Garden of Allah‹. In der Mitte die Technicolor-Kamera.

Nach ›Desire‹ hatte Lubitsch nochmals die Verfilmung von ›Hotel Imperial‹ angeregt; gleich nach Ende der Dreharbeiten begann der Regisseur Henry Hathaway mit den Aufnahmen zu dem Film, der jetzt den Titel ›I Loved a Soldier‹ bekam; die Hauptrollen waren mit Marlene Dietrich und dem französischen Schauspieler Charles Boyer besetzt. Aber im Zuge der Umstrukturierung der Paramount wurde Lubitsch entlassen, und die Dreharbeiten an ›I Loved a Soldier‹ mußten eingestellt werden. Marlene hatte inzwischen für einen Film mit dem englischen Produzenten Alexander Korda einen Vertrag abgeschlossen, der ihr das schwindelerregende Honorar von 450 000 Dollar zusicherte.

Vorher erhielt sie noch ein lukratives Angebot von David O'Selznick, dem späteren Produzenten von ›Gone With the Wind‹ (›Vom Winde verweht‹). Selznick hatte schon längere Zeit geplant, den Stoff ›Der Garten Allahs‹, der als Stummfilm ein großer Erfolg gewesen war, neu zu produzieren. Von der Paramount übernahm er die überraschend frei gewordenen beiden Hauptdarsteller von ›I Loved a Soldier‹. Er machte sich etwas Sorgen wegen möglicher Kapriolen seines weiblichen Stars; immerhin bekam Marlene

auch für diesen Film 200 000 Dollar, was etwa ein Sechstel der veranschlagten Produktionskosten ausmachte. Sie sicherte ihm aber jede Unterstützung zu und betonte, daß sie an einem schnellen Fortgang der Arbeiten interessiert sei. Schließlich müsse sie im Sommer bereits in England sein. Ende März 1936 begann die Filmtruppe unter dem Regisseur Richard Boleslawski in der Wüste von Yuma die Außenaufnahmen. Bei Tagestemperaturen von 40 Grad im Schatten konnte nur in den frühen Morgenstunden gedreht werden. Für die Studioaufnahmen wurde in Culver City in einem Atelier eine Kapelle gebaut. Um einen möglichst realistischen Eindruck zu erreichen, hatte der Filmarchitekt das Bauwerk aus echten Lehmziegeln errichtet. Kurz vor Beginn der Aufnahmen brach der Atelierboden unter der Last durch, und die Kapelle landete im Keller. Trotzdem waren alle Arbeiten am 7. Juli beendet, und Marlene konnte nach England abreisen.

›The Garden of Allah‹ war O'Selznicks (und Marlenes) erster Technicolor-Film, und selbst heute noch kann man den Eindruck der satten und ausgewogenen Farben nachvollziehen, die ihn seinerzeit zu einer Sensation machten. Leider konnte man sich nicht so recht entscheiden, welches die Hauptattraktion des Films war. War es Marlene – erstmals in Farbe –, waren es ihre Kostüme, oder waren es doch die Farben, die die Wüste gelegentlich wie eine Mondlandschaft aussehen ließen? Bestimmt war es nicht die Geschichte eines Trappistenmönches, der sein Gelübde bricht, eine schöne Frau heiratet und nach der Hochzeitsreise reumütig ins Kloster zurückkehrt. Charles Boyer hatte die undankbare Rolle, einen verschlossenen und grüblerischen

Knight Without Armour (Tatjana). GB 1937. Regie: Jacques Feyder; Produzent: Alexander Korda; Buch: Lajos Biro nach einer Geschichte von James Hilton; Kamera: Harry Stradling; Ausstattung: Lazare Meerson; Kostüme: George Benda; Musik: Miklos Rosza. Mit Marlene Dietrich (Alexandra), Robert Donat (A. J. Fothergill), Irene Vanburgh (Gräfin), Herbert Lomas (Vladinoff), Austin Trevor (Leutnant Adraxine), Basil Gill (Axelstein) u. a.

Charakter spielen zu müssen, während Marlene Geliebte und Mutterersatz zugleich darstellte. Trotz der für die damalige Zeit auf astronomische 1,5 Millionen Dollar angewachsenen Kosten war der Film für O'Selznick ein Prestigeerfolg. Die Zeitschrift ›Time‹ widmete ihm und Marlene Dietrich die Titelgeschichte; ein Publikumsmagnet wurde der Film allerdings nicht. Gnadenlos verriß Graham Greene die Produktion: »›Dies ist ein Land aus Feuer‹, sagt der katholische Priester, ›und du bist eine Frau wie Feuer.‹ Weniger apokalyptisch redet keiner: Die großen Abstraktionen tönen heiser in Miss Dietrichs gestyltem, trägem, monotonem Wispern, zwischen geschmacklosen Technicolorblumen, einer wie Schweizer Käse gelb gekraterten Wüste, beigefarbenen Gesichtern.« (›The Pleasure Dome‹, 1980) Alexander Korda, mitten in den Vorbereitungen zum nächsten Dietrich-Film, las es mit Grausen.

Im Juli 1936 kam Marlene nach England und unternahm im August einen Ausflug nach Wien. Ein Überfallkommando mußte gerufen werden, um die Menge zurückzuhalten, die sie begrüßen wollte. Nach einem kurzen Abstecher zu den Salzburger Festspielen ging es wieder nach London, wo die Dreharbeiten zu der Alexander-Korda-Produktion ›Knight Without Armour‹ begannen. Regisseur war der Franzose Jacques Feyder, der mit seinem vorherigen Film ›La kermesse héroïque‹ einen starken Eindruck hinterlassen hatte. ›Knight Without Armour‹ kann daran in keiner Weise anknüpfen. Die Flucht eines englischen Geheimdienstoffiziers und der Prinzessin Alexandra in den Wirren

Woran lag es, daß Miss Dietrich ihr Publikum verloren hat? Einige … glauben, daß die Dietrich … eine Schöpfung jenes Mannes war, der sie entdeckt und ihre ersten Filme in Amerika gedreht hat. Und daß kein anderer Regisseur als Josef von Sternberg imstande war, jenen unvergleichlichen Glamour auf die Leinwand zu zaubern. Andere dagegen glauben, daß Sternberg das Talent seines Schützlings zerstört hat. Eine einfachere Erklärung besagt, daß das Zeitalter der exotischen Extravaganz zu Ende ist.

›The most famous legs in history loose their job‹,
in: ›Life‹, New York, 3. Januar 1938

der Russischen Revolution ist voller unwahrscheinlicher und sprunghafter Entwicklungen. Folkloristische Gesänge und Revolutionshymnen sind wie mechanisch wiederkehrende Unterhaltungselemente eingestreut, aber sie machen die Geschichte nicht glaubhafter. Marlene spielt die eher passive Rolle der Prinzessin, die wiederholt von dem Geheimdienstmann vor dem Tod durch Erschießen bewahrt wird. Ob es durch Wälder, Sümpfe oder die wechselnden Fronten zwischen der weißrussischen und der Roten Armee geht – die Hauptdarstellerin sieht immer aus, als käme sie gerade aus dem Kosmetikstudio und habe ein bißchen zuviel Wangenrot aufgelegt. Der englische Kritiker Basil Wright vermutete sogar, »daß Marlene Dietrich sich selbst parodiert hat; denn das hat sie, bewußt oder unbewußt, getan«. Aber gewollt hat sie es bestimmt nicht.

Im Sommer 1937 machte Marlene wieder Urlaub in Europa. Aus Hollywood erreichten sie die Briefe ihres Agenten Harry Edington, der ihr als nächstes Paramount-Projekt ›French Without Tears‹ vorschlug. Im November 1937 kehrte sie nach Amerika zurück und erklärte den überraschten Reportern, daß sie nur noch einen Film in Hollywood machen werde; danach werde sie in Europa filmen. Im Dezember wurde bekannt, daß weder Ernst Lubitsch, der als Regisseur vorgesehen war, noch Mitchell Leisen die Regie von ›French Without Tears‹ übernehmen wollten. Der Film wurde aus dem Produktionsprogramm genommen, und Marlene wurde von der Paramount ausgezahlt.

Das erste Mal war Marlene ohne Aussicht auf ein Engagement; aber sie hatte so viel Geld verdient, daß ihr das zunächst gleichgültig sein konnte.

Die Paramount hat entschieden, der Dietrich lieber 250 000 Dollar zu zahlen als einen neuen Film mit ihr zu machen. Man behauptet, ein neuer Marlene-Film bedeute für die Kasse schlechte Nachrichten. Mit ihren Filmen verlöre man Geld, statt welches zu verdienen.

Leicht hämischer Pressekommentar

Freunde, Liebhaber, Politik

Zwischen 1933 und 1939 fuhr Marlene Dietrich regelmäßig nach Frankreich und Österreich, um dort Ferien zu machen, ihre Verwandten zu treffen oder auch die Möglichkeit eines Engagements zu prüfen. Ständig wurde sie von den Reportern bei ihrer Rückkehr nach Amerika gefragt, ob sie sich von ihrem Mann scheiden lassen wolle. Und ebenso regelmäßig antwortete sie: Nein, das wolle sie nicht. Und sie verstünde auch gar nicht, wie die Reporter darauf kämen. Der letzte Teil der Antwort war schon etwas ignorant. Zwar kam Rudi Sieber immer mal wieder für einige Wochen nach Hollywood, selten aber fuhren beide zusammen von Europa nach Amerika. Und es war auch bekannt, daß Marlene in Hollywood und Europa mehr als einen ständigen Begleiter hatte. Willi Forst hatte Mitte der dreißiger Jahre seine Ambitionen aufge-

65   Männer um Marlene. Von links nach rechts: die Regisseure
Lewis Milestone, Ernst Lubitsch und Frank Capra; Max Reinhardt,
Mervyn Le Roy, Berthold Viertel und Rouben Mamoulian

geben; an seine Stelle war in Österreich Hans Jaray getreten, der später nach Hollywood emigrierte. In Hollywood selbst hatte sie neben ihrer dauerhaften Beziehung zu Josef von Sternberg zunächst in Maurice Chevalier einen glühenden Verehrer gefunden. Nach einem lesbischen Intermezzo mit Mercedes de Acosta lernte sie bei den Dreharbeiten zu ›Song of Songs‹ Brian Aherne kennen, der nunmehr als ihr *gentleman escort* galt. Auf Brian Aherne folgte John Gilbert, der unverschuldet aus den Höhen des Starruhms gestürzt war. Gilbert, in der Stummfilmzeit als Partner von Greta Garbo fast ebenso bekannt wie »Die Göttliche«, war alkoholkrank. Marlene kümmerte sich um ihn und schlug ihn sogar für die Besetzung von ›Desire‹ vor, aber es kam zu keinem Engagement. Im Januar 1936 starb er an den Folgen eines Herzanfalls.

Noch während der Affäre mit Gilbert begann Marlene bei einem Aufenthalt in England ein Verhältnis mit Douglas Fairbanks Jr., den sie sich vergeblich als Partner für ›Angel‹ wünschte. Mit ihm verbrachte sie 1937 einen Urlaub in Österreich; vier Tage nach seiner Abfahrt aus Salzburg reiste Marlene zu Sternberg nach Venedig. Immer noch bereitete sie mit ihm gemeinsame Filmprojekte vor; un-

66   1937 in Cap d'Antibes

ter anderem planten sie die Verfilmung von Karl Vollmoellers ›Mirakel‹ und Zolas ›Germinal‹. In Venedig kam es zu einem ersten Zusammentreffen mit Erich Maria Remarque, der für die nächsten Jahre einer ihrer ständigen Begleiter wurde. Remarque liebte Marlene und litt unter dieser Liebe; er portraitierte sie später in seinem Roman ›Arc de Triomphe‹ in der Gestalt der Joan Madou. Ein Jahr darauf, während eines Sommerurlaubs mit ihm und Rudi Sieber in ihrem bevorzugten französischen Badeort Cap d'Antibes, lernte Marlene die amerikanische Millionärin Jo Carstairs kennen und hatte mit ihr eine kurze, stürmische Affäre.

Man könnte annehmen, daß bei den diversen Liebhabern, Freunden und Freundinnen Eifersuchtsszenen und Zerwürfnisse an der Tagesordnung waren. Dies war aber nicht der Fall. Für Marlene, Rudi und Tochter Maria wurden die wechselnden Liebhaber zum festen Bestandteil einer ständig größer werdenden Familie. Der harte Kern dieser Familie bestand aus Marlene (auch Mutti genannt), Rudi (Pappi), Maria (Kater) und für lange Zeit Josef von Sternberg. Liebhaber und Freundinnen gehörten zum Hofstaat, dessen Besetzung sich von Zeit zu Zeit änderte. Kaum einer aus diesem Hofstaat hat, solange Marlene ihn – oder sie – empfing, wirklich mit ihr gebrochen oder gar Indiskretes über sie in der Öffentlichkeit verbreitet. Man war unter sich, und so sollte es auch bleiben.

Die ständigen Besuche in Europa ließen die Machthaber in Deutschland darauf hoffen, daß Marlene vielleicht auch dort zu einem Besuch und zu einem Engagement bereit wäre. Dies hätte für die Nazis einen großen Prestigegewinn bedeutet: Die international bekannte und berühmte Mar-

»Warum ich diesen Sommer nicht nach Deutschland gereist bin?«, fragt Marlene. »Weil keines der Länder, in denen ich war, an Deutschland angrenzt.« Sie weicht der Frage aus. Und wenn man sie fragt, was sie von Hitler und den Nazis halte, antwortet sie: »Ich rede nie über Politik.«
*Dorothy Calhoun, ›Hitler Demands Return of German Stars!‹,
in ›Motion Picture‹, Januar 1934*

lene hätte sie als die neuen Herren anerkannt und damit
das Regime aufgewertet.

In Paris, so berichtet Marlene Dietrich in ihrer Autobiographie, mußte sie – vermutlich 1937 oder 1938 – in der
deutschen Botschaft ihren Paß verlängern lassen. Man forderte sie auf, nach Deutschland zurückzukehren. Sie stimmte unter der Bedingung zu, daß sie in Berlin unter Sternbergs Regie arbeiten dürfe – das war unannehmbar, denn
Sternberg war Jude. Dieses war nicht der erste Versuch,
Marlene Dietrich zur Rückkehr nach Deutschland zu bewegen. Bereits 1933 schlug ihr Ernst Hugo Corell, Leiter
der Ufa-Produktion und Vorstandsmitglied der Ufa, einen
Filmstoff von Carl Zuckmayer vor. Die Dreharbeiten sollten im April beginnen. Aus dem Projekt wurde bekannter-
weise nichts; mit Zuckmayer blieb Marlene aber dennoch
in Verbindung. Im Dezember 1939 versuchte er, über Ha-
vanna in die USA zu reisen. Neben Empfehlungsschreiben
von Albert Einstein, Ernest Hemingway, Thomas Mann
und Thornton Wilder legte er den Konsularbeamten auch
einen Brief von Marlene Dietrich vor, in dem sie Zuck-
mayers Werke als entscheidenden Einfluß auf ihre Entwicklung in der Berliner Zeit bezeichnete.

1933 hatte Marlene der Wohlfahrtsorganisation Deutsche Winterhilfe eine beachtliche Summe gespendet; Carl
Auen, leitendes Mitglied der Reichsfilmkammer, gab diese
Nachricht an die Presse weiter, die das als Zeichen der Zustimmung zum neuen Regime deutete. In der amerikanischen Presse erschien die Meldung unter dem Titel: »Marlene Dietrich macht den Nazis ein Geschenk.« Erbost
lehnte sie daraufhin weitere Bitten um Spenden ab.

Ich glaube nicht, daß irgendeine Erklärung von mir den Widerwillen, der in Deutschland meinen Filmen entgegengebracht
wird, beenden könnte – außerdem kann es sein, daß eine Erklärung von meiner Seite hier in Amerika zu meinen Ungunsten
ausgelegt wird, da sogar eine Spende an die Armen Berlins für
mich sehr gefährliche Folgen in der amerikanische Presse hatte –

1936 versuchten sowohl die Tobis als auch die Ufa erneut, Marlene Dietrich zur Rückkehr nach Deutschland zu bewegen. Der Drehbuchautor Rolf E. Vanloo offerierte ihr mit einem Begleitbrief von Ernst Hugo Corell den Stoff ›Mitternachtswalzer‹. Eine Antwort der Dietrich ist nicht überliefert. Der Film erschien 1939 unter dem Titel ›Tango Notturno‹ mit Pola Negri in der Hauptrolle.

Im Juli 1936 versuchte ein Vertreter der deutschen Produktionsfirma Syndikat-Film, Marlene nach Deutschland zu engagieren. 1937 schaltete sich Goebbels persönlich ein, um sie, »die wir leider nicht mehr in Deutschland haben«, zur Rückkehr zu bewegen. Im November 1937 beauftragte er den Intendanten des Deutschen Theaters, Heinz Hilpert, nach Paris zu fahren, »um die Marlene Dietrich nach Deutschland zurückzuholen«. Marlene, so Hilperts Bericht, könne jedoch »erst in einem Jahr in Berlin auftreten. Aber sie steht fest zu Deutschland.« Und am 19. November stellte Goebbels fest: »Marlene Dietrich hat alle gegen sie vorgebrachten Anschuldigungen entkräftet. Ich lasse sie in der Presse rehabilieren[!].« Diese Eintragung stützt sich mit großer Wahrscheinlichkeit auf einen Bericht der deutschen Botschaft in Paris über den Besuch von Marlene Dietrich, dessen Verlauf sie in ihren Memoiren so phantasievoll schildert. Neben Hilpert boten ihr auch der französische Regisseur Jacques Feyder und der deutsche Dramatiker Karl Vollmoeller Projekte in der deutschen Filmindustrie an.

Willi Forsts enge Beziehung zu Marlene wollte die nationalsozialistische Regierung nach dem Anschluß Österreichs an das Reich ausnutzen. Forst hatte sich inwischen als Regisseur einen Namen gemacht und wurde aufgefor-

Ich war seit drei Jahren nicht in Berlin und ich bin mir unklar, ob meine Person wirklich der Grund ist, weshalb meine Filme verboten wurden oder ob es die gewagten Geschichten sind, die die Filme erzählen.

Telegramm an Ike Blumenthal, den europäischen Repräsentanten der Paramount, vom 21. März 1934

dert, Marlene für einen Film zu engagieren. 1938 sprach er eine gewundene und wenig überzeugende Einladung an Marlene aus. Aber auch er konnte sie nicht zur Rückkehr nach Deutschland überreden.

Marlene dachte nicht einen Moment daran, zurückzukehren; bereits im März 1937 hatte sie einen Antrag auf amerikanische Staatsbürgerschaft gestellt. 1939 erhielt sie ihren amerikanischen Pass. In Deutschland schäumte das antisemitische Hetzblatt ›Der Stürmer‹; die restliche deutsche Presse schwieg sich aus. Marlene war für Deutschland verloren. Jeder weitere Bericht, jede öffentliche Hetze oder Verleumdung hätte unterschwellig auch zum Thema gemacht, daß sie sich gegen die Nazis entschieden hatte. Um dies zu vermeiden, wurde sie totgeschwiegen.

Diskret unterstützte Marlene Emigranten, die in Not gekommen waren. So reagierte sie prompt auf einen Bittbrief zugunsten von Alfred Polgar und empfing ihn zu Gesprächen über eine geplante Monographie, die Polgar über Marlene Dietrich begonnen hatte. Remarque besorgte sie – »dank Marlene in zehn Minuten« – ein einjähriges Visum für die USA. Anderen, nicht so Prominenten, half sie mit Geldbeträgen oder ihrem Einfluß in den USA.

Weder Marlene Dietrich selbst noch ihre Familie waren im Dritten Reich jemals direkten existentiellen Bedrohungen ausgesetzt. Es gab Nadelstiche, aber keine Verfolgung. Sicher war die Dietrich keine Person, die sich in ihren Handlungen von politischen Kriterien leiten ließ. Aber sie hatte einen gut entwickelten Sinn für richtig und falsch, für gerechtes und ungerechtes Verhalten. Und davon ließ sie sich leiten.

Es ist kein leichter Entschluß, seine Nationalität zu wechseln, selbst dann nicht, wenn man die Ansichten und Methoden, die das Geburtsland plötzlich gutheißt, verachtet. Auch wenn man sich das Gegenteil einzureden versucht: All das verleugnen zu müssen, was man als Kind zu ehren lernte, gibt einem das Gefühl von Treulosigkeit. Die Liebe und Achtung für das Land, das einen aufgenommen hat, haben damit nichts zu tun.

›ABC meines Lebens‹

Frenchy

Möglicherweise hatte Marlene geglaubt, daß sie nach dem gescheiterten Projekt ›French Without Tears‹ gleich ein anderes Angebot bekommen würde – so wie es bei ›I Loved a Soldier‹ und ›The Garden of Allah‹ der Fall gewesen war. Aber die Zeiten hatten sich geändert. Nicht nur ließen die Angebote auf sich warten, im Mai 1938 erschien in einer amerikanischen Fachzeitschrift zu allem Unglück noch eine Anzeige der Theaterbesitzer, in der Marlene neben Joan Crawford, Bette Davis und Greta Garbo als Kassengift bezeichnet wurde. Marlene sah sich kaltgestellt. Zwar ließ sie sich nichts anmerken, lebte weiter auf großem Fuß in Hollywood und Europa, aber die Geldmittel konnten nicht ewig reichen.

Am 28. Juli 1939 – Marlene machte wieder einmal Urlaub in Cap d'Antibes – erhielt sie einen Anruf des Produzenten Joe Pasternak. Er bot ihr die weibliche Hauptrolle in einem Western an. Unter anderen Umständen hätte sie ein solches Angebot gar nicht in Erwägung gezogen. Ein Western war alles andere als ein Prestigefilm, das war Gebrauchs- und Verbrauchsware und stand zu ihren bisherigen Filmen in einem Verhältnis wie ein Comicheft zu einem ernsten Ro-

67 Als Frenchy in ›Destry Rides Again‹

man. Aber Marlene blieb kaum eine Wahl. Ihre Mittel gingen zur Neige, ihr neuer Agent Charles K. Feldman riet ihr dringend zur Annahme, und in Europa war die Kriegsgefahr mit Händen zu greifen. Am 22. August 1939 landete sie wieder in New York. Gut eine Woche später überfiel die deutsche Wehrmacht Polen und provozierte damit den Zweiten Weltkrieg.

Natürlich wußte Pasternak, daß Marlene in der Gunst des amerikanischen Publikums gefallen war; aber er war wie viele andere der Meinung, daß die Sternberg-Filme ihr ein ganz falsches Image gegeben, ihr mehr geschadet als genützt hatten. Als Mitarbeiter der Deutschen Universal in Berlin hatte er Marlene bei den Dreharbeiten zum ›Blauen Engel‹ kennengelernt. Nach seinem Verständnis war Lola Lola kein Vamp, sondern eine pragmatisch orientierte Frau, die je nach Situation ihren Körper, ihren Kopf oder auch beides zusammen vortrefflich einsetzen konnte. Und in dieser Mischung sollte sie auch in seinem Western ›Destry Rides Again‹ agieren.

Als Partner von Marlene hatte Pasternak James Stewart engagiert; seine etwas umständliche Art, die erkennbaren Attribute der bürgerlichen Mittelschicht wie Bildung und gute Umgangsformen machten ihn eigentlich zu einem Anti-Western-Helden. Und genau das war auch beabsichtigt. In seinen männlichen Protagonisten stand der Western für eine klare Aufteilung in gut und böse, tapfer und feige; auf der weiblichen Seite gab es die Saloongirls und die Hausfrauen, die schönen und die braven. Natürlich gibt es auch in ›Destry Rides Again‹ die Stereotypen der Gangster und Gesetzlosen, der Säufer und der Knallchargen. Aber die

---

Joseph (Joe) Pasternak (19. September 1901, Szilagy-Somylo, Österreich-Ungarn–13. September 1991, Los Angeles). Filmproduzent. Arbeitete bis 1935 für die Universal in Deutschland und Österreich und etablierte sich dann in Hollywood als unabhängiger Produzent.

Destry Rides Again (Der große Bluff). USA 1939. Regie: George Marshall; Produzent: Joe Pasternak; Buch: Felix Jackson, Henry Myers, Gertrude Purcell nach einer Originalgeschichte von Felix Jackson, inspiriert von einem Roman von Max Brand; Kamera: Hal Mohr; Bauten: Jack

beiden Hauptfiguren sind in ihrem Charakter nicht festgelegt, sondern entwickeln sich erst im Verlauf der Handlung.

Das Barmädchen Frenchy hilft dem Saloonbesitzer Kent beim Falschspiel; als der Sheriff einschreiten will, wird er von Kent und seinen Kumpanen erschossen. Der Trunkenbold des Städtchens Bottleneck wird zum neuen Sheriff erklärt. Statt aber weiter zu trinken, ruft er Tom Destry, den Sohn eines Freundes, zu Hilfe. Der verzichtet auf den Einsatz von Waffen und wird deshalb zunächst verspottet. Als er aber den Mord an dem früheren Sheriff aufdeckt, muß auch er zur Waffe greifen; beim Schußwechsel mit Kent wird Frenchy, die Destry warnen will, getötet. Auch Kent wird erschossen, und in die Stadt kehrt Frieden ein.

Wie alle Bewohner von Bottleneck macht auch Frenchy sich zunächst über Destry lustig. Sie drückt ihm im Saloon einen Eimer Wasser und einen Aufnehmer in die Hand, damit er die Stadt »aufräumen« kann. Mit seinen zivilisierten Umgangsformen und dem Verzicht auf Waffengewalt wird Destry in dieser Szene deutlich mit weiblichen Attributen ausgestattet, während Frenchy sich in der nächsten Szene mit einer Frau eine wilde Prügelei liefert. Frenchy weiß sich die Männer im Saloon vom Hals zu halten, sie wird von ihnen respektiert und wegen ihrer Schönheit bewundert. Mit seiner stoischen Beharrlichkeit verschafft sich Destry aber langsam bei den Bewohnern des Ortes und bei Frenchy Respekt. Lange bleibt unklar, auf wessen Seite Frenchy steht. Erst bei der entscheidenden Auseinandersetzung mit Kent und seiner Bande mobilisiert sie die Frauen des Ortes, die sich zwischen die verfeindeten Parteien stellen und so ein großes Gemetzel verhindern.

Otterson; Kostüme: Vera West; Musik: Frank Skinner; Songs von Frederic Hollaender und Frank Loesser. Mit Marlene Dietrich (Frenchy), James Stewart (Tom Destry, Jr.), Mischa Auer (Boris Callahan), Charles Winniger (Washington Dimsdale), Brian Donlevy (Kent); Una Merkel (Lily Belle Callahan) u. a.

›Destry Rides Again‹ mischt geschickt komödiantische Elemente und dramatische Topoi des Western. »Das sind anderthalb Stunden Trubel und Heiterkeit, die man ganz einfach nicht verpassen darf«, lobte ein New Yorker Kritiker. Am meisten aber war man von Marlene Dietrich überrascht, der man eine solche Wandlung nicht zugetraut hatte. In dieser Rolle ist nichts mehr übrig vom früheren Glamour, den Posen aus der Welt des Luxus und der großen Autos. In ihren Western-Kleidchen, ihrem kurzgeschnittenen Lockenkopf, mit Liedern wie ›See What the Boys in the Backroom Will Have‹ und ›Joe the Wrangler‹, zu denen sie die Theke als Laufsteg benutzt, wandelt sie sich von der europäischen Kunstfigur zu einer handfesten amerikanischen Frau. Marlene war ein überzeugendes

68 Brian Donlevy, James Stewart und Marlene Dietrich

Seven Sinners (Das Haus der sieben Sünden). USA 1940. Regie: Tay Garnett; Produzent: Joe Pasternak; Buch: John Meehan, Harry Tugend nach einer Originalgeschichte von Ladislas Vodor und Laslo Vadnai; Kamera: Rudolph Maté; Bauten: Jack Otterson; Kostüme: Vera

Comeback gelungen, und so wie sie früher am Erfolgs-
rezept von Josef von Sternberg festgehalten hatte, so blieb
sie jetzt ihrem neuen Produzenten Joe Pasternak treu.

›Seven Sinners‹ hieß ihr nächster gemeinsamer Film. Der
Titel war etwas reißerisch und bezeichnet einfach ein Lokal mit dem Namen Seven Sinners. Marlene spielt die Sängerin Bijou Blanche, die das Temperament der amerikanischen Männer auf den Südsee-Inseln so anheizt, daß sie sich
ihretwegen Schlägereien liefern. Und immer, wenn es so
weit gekommen ist, muß Bijou eine Insel verlassen und fährt
zur nächsten. Der Film beginnt mit einer solchen Depor-
tation, und Bijou erklärt selbst dem kahlköpfigen Richter,
von ihr »Lockenkopf« genannt, warum sie die Insel verlassen muß: »I am a baaad influence.« Mit einem ehemaligen Marinesoldaten, der ihr mit den Fäusten den Weg
bahnt, und einem Zauberkünstler als Begleitung landet Bijou auf der Insel Boni Komba. Dort verliebt sich Lieutenant
Bruce Whitney in sie und will sie heiraten. Damit er seine
Laufbahn nicht wegen einer unseriösen Heirat aufgeben
muß, verläßt Bijou die Insel wieder.

Die konventionelle und äußerst dünne Handlung ist mit
bösen und komischen Chargendarstellern angereichert; es
gibt Eifersüchteleien, stramme Marinesoldaten in knallwei-
ßen Anzügen und einen versoffenen Schiffsarzt, der sich
nach einer Begegnung mit Bijou wieder zivilisierter verhält.
Vor allem aber gibt es das Paar John Wayne und Marlene
Dietrich. Die Songs von Marlene bestimmen auch den at-
mosphärischen Ton des ganzen Films. Sie beginnt mit ›I Can't
Give You Anything But Love, Baby‹ und wechselt dann,
in einem Marineanzug die Treppe herunterschreitend, zu

West; Marlene Dietrichs Ko-
stüme von Irene; Musik: Frank
Skinner, Hans J. Salter; Songs
von Frederic Hollaender und
Frank Loesser. Mit Marlene
Dietrich (Bijou), John Wayne
(Ltd. Dan Brent), Albert Dekker
(Dr. Martin), Broderick Craw-
ford (Little Ned), Anna Lee
(Dorothy Henderson), Mischa
Auer (Sasha), Billy Gilbert
(Tony), Oscar Homolka (Antro)
u. a.

›The Man's in the Navy‹. Bei diesem Song betritt, wie ehedem Emil Jannings in ›Der blaue Engel‹, der künftige Liebhaber Whitney das Lokal und fährt seine Gefreiten an, die wegen Bijou eine Party des Gouverneurs verlassen haben. Bijou beendet ihren Vortrag abrupt, bietet Whitney die Bühne an und entwaffnet ihn damit.

Marlene ist verführerisch und charmant, und gleichzeitig ist sie auch »eine von den Jungs«. Sie beherrscht eindeutig die Szene wie die Männer und weiß sich gleichzeitig sehr wohl ihrer Haut zu wehren. Ihre Roben werden im Lauf der Handlung glamouröser, ergänzt durch Hutkreationen der reinen Extravaganz. Auf der Gesellschaft des Gouverneurs singt sie in einem weißen langen Abendkleid den fast schon intimen Song ›I've Been in Love Before‹ und trägt dazu einen Federhut, der wie die Gloriole eines Lichtscheins ihren Kopf einrahmt. So zitiert ›Seven Sinners‹

den Glamour der Sternberg-Filme, stellt Marlene aber gleichzeitig als eine handfeste Persönlichkeit dar. Der Hollywood-Routinier Tay Garnett hält die Balance zwischen einem angedeuteten Seelen- und Karrieredrama und dem lockeren Ton solider Unterhaltung.

Anfang 1941 drehte Marlene ihren letzten Film unter der Produktionsleitung von Joe Pasternak. ›The

69 Mit John Wayne in einer Drehpause. Als Regisseur Garnett Marlene Dietrich ihren neuen Hauptdarsteller vorstellen wollte, sah sie John Wayne gerade vorbeigehen und flüsterte Garnett zu: »Daddy, kauf mir das gute Stück.« Die Anekdote muß nicht unbedingt wahr sein, aber sie charakterisiert die Atmosphäre des Films.

Flame of New Orleans‹ war auch der erste amerikanische Film des aus dem besetzten Frankreich emigrierten Regisseurs René Clair, der in den dreißiger Jahren mit ›Unter den Dächern von Paris‹ und ›Le Million‹ bekannt geworden war. Ein weiterer Franzose, der Modeschöpfer René Hubert, war verantwortlich für die Kleider von Marlene. Möglicherweise war die Tatsache, daß Franzosen an dieser Produktion arbeiteten, dafür entscheidend, den Stoff in New Orleans anzusiedeln. Aber es nutzte nicht viel.

Marlene geht in wahren Kleidergebirgen durch malerische Kulissen und spielt eine Frau, die mit dem Trick, in entscheidenden Situationen in Ohnmacht zu fallen, die Herzen der Männer erobert. Das widersprach nun ganz und gar dem Bild, das das Publikum von ihr hatte und das sie selbst von sich entwarf. Und so beschränkte sich ihre Darstellung auf ein eher mechanisches Posieren und Kokettieren. Die männliche Hauptrolle spielte Bruce Cabot, der als ein fader Aufguß von Clark Gable nicht mehr als eine gewagte Frisur zu bieten hatte. Zwar sind noch Reste der Meisterschaft von René Clair zu erkennen, aber Pasternak hatte dafür gesorgt, daß jeder individuelle Stil, an dem man Clairs Handschrift hätte erkennen können, eliminiert wurde.

Als nächsten Film hatte Pasternak für Marlene eine Honolulu-Story vorgesehen, aber als der Prodzent zu Metro-Goldwyn-Mayer ging, löste Marlene ihren Vertrag mit der Universal. Sie verdiente nun lange nicht mehr soviel wie früher bei Paramount, aber sie beklagte sich nicht. Sie hatte ihren eigenen Presse-Agenten, um die zahlreichen Interview-Wünsche abzulehnen, und wenn sie doch einmal von einem Journalisten gestellt wurde, sagte sie Sätze wie:

The Flame of New Orleans (Die Abenteuerin). USA 1941. Regie: René Clair; Produzent: Joe Pasternak; Buch: Norman Krasna; Kamera: Rudolph Maté; Kostüme: René Hubert; Musik: Frank Skinner; Songs: Charles Previn und Sam Lerner. Mit Marlene Dietrich (Countess Claire Ledeux / Lili), Bruce Cabot (Robert Latour), Roland Young (Charles Giraud), Mischa Auer (Zolotov), Andy Devine (Matrose) u. a.

»Wie meine Pläne aussehen? Ich werde weiter Filme machen, will eine gute Mutter sein und mir die Liebe jener Menschen erhalten, die mich lieben.« Und das war schon das Äußerste an Informationen, das Marlene Dietrich von sich preisgab.

Inzwischen wußte jeder in Hollywood, daß für Marlene nichts so wichtig war wie Marlene selbst. Sie war ihr eigenes Kosmetikstudio, sie kontrollierte und korrigierte für ihre Szenen die Lichteinstellungen, sie überprüfte und retuschierte, wenn nötig, die Fotos, die von ihr publiziert wurden, und sie erschien bei Kostümbesprechungen mit ihren eigenen Entwürfen und Farbmustern. Wer Marlene Dietrich engagierte, der mußte damit rechnen, daß er nicht nur eine Schauspielerin, sondern einen Markennamen bekam. Sie war eine *corporate identity* zu einer Zeit, als es diesen Begriff noch gar nicht gab. Und Hollywood akzeptierte und schätzte Marlene; sie spielte jetzt, um Geld zu verdienen, nicht um »Sternberg-Filme« zu machen.

Die Filme zwischen 1941 und 1944, zum Teil von ihrem Agenten Charles K. Feldman produziert, waren solide und unkomplizierte Routinearbeit. ›Manpower‹, ›The Spoilers‹ und ›Pittsburgh‹ sind als Action-Filme konzipiert, ›The Lady is Willing‹ ist eine anspruchslose Küchenkomödie, und mit ›Kismet‹ drehte sie 1944 wieder einmal ein exotisch eingefärbtes Sujet aus dem unerschöpflichen Fundus aus Wüstensand und arabischen Nächten. Marlene hatte ihre Ansprüche an außergewöhnliche Stoffe, Regisseure oder Gagen aufgegeben. »Ich drehe nur noch Action-Filme. Das Publikum hat jetzt keinen Sinn für Salonkomödien oder schwere Dramen«, sagte sie 1942 einem Reporter.

Manpower (Herzen in Flammen). USA 1941. Regie: Raoul Walsh; Produzent: Hal B. Wallis; Buch: Richard Macaulay, Jerry Wald; Kamera: Ernest Haller; Bauten: Max Parker; Kostüme: Milo Anderson; Musik: Adolph Deutsch; Song: Frederic Hollaender und Frank Loesser. Mit Edward G. Robinson (Hank McHenry), Marlene Dietrich (Fay Duval), George Raft (Johnny Marshall), Alan Hale (Jumbo Wells), Frank McHugh (Omaha), Eve Arden (Dolly) u. a.

Lili Marleen

Noch 1939 kamen ihr Mann, die Tochter und Remarque nach Amerika. Rudi Sieber zeigte sich mit Marlene in Hollywood bei den Dreharbeiten von ›Destry Rides Again‹ und wohnte dann mit seiner Lebensgefährtin Tamara Matul vorwiegend in New York. Remarque blieb in Hollywood und pflegte sein zwischen Enttäuschungen und Hoffnungen schwankendes Verhältnis zu Marlene. Daß sich diese Verbindung nicht stabilisieren würde, war ihm schon in Frankreich klar geworden. In Hollywood blieb er ein Fremder und versuchte auf Fotos oft, nicht als Begleitung von Marlene erkannt zu werden. Bald erschienen in der Presse wieder Bilder von Marlene mit ihren wechselnden *gentlemen escorts*. James Stewart galt kurzfristig als ihr neuer Liebhaber und löste Fritz Lang ab, den sie nach seiner Ankunft in Hollywood unter ihre Fittiche genommen hatte. Mit den Dreharbeiten zu ›Seven Sinners‹ begann eine stürmische Affäre mit John Wayne, aber Anfang 1941 gab es schon wieder einen neuen Emigranten, der sich in Hollywood nicht auskannte und den Marlene in die Gesellschaft der Reichen und Schönen einführte: Jean Gabin, der mit Erlaubnis der Vichy-Regierung aus Frankreich ausgereist war. Gabin wurde ihre große Liebe. Mit ihm begannen für Marlene ganz unerwartete Schwierigkeiten, von denen sie selbst zunächst wenig bemerkt haben dürfte.

The Lady is Willing. USA 1942. Regie und Produktion: Mitchell Leisen; Buch: James Edward Grant, Albert McCleery nach einer Originalgeschichte von James E. Grant; Kamera: Ted Tetzlaff; Bauten: Lionel Banks; Kostüme für Marlene Dietrich: Irene; ihre Hüte: John Frederics; ihr Schmuck: Paul Flato; Musik: W. Franke Harling; Song: Jack King, Gordon Clifford. Mit Marlene Dietrich (Elizabeth Madden), Fred MacMurray (Dr. Corey T. McBain), Aline MacMahon (Buddy), Stanley Ridges (Kenneth Hanline), Arline Judge (Frances) u. a.

70 Mit dem Soldaten John F. Stephens aus St. Louis 1944 in Italien

Die Produktionsfirma Fox hatte den französischen Schauspieler für den Film ›Moon Tide‹ in die USA geholt. Gabin sprach zu dieser Zeit noch nicht perfekt englisch und lebte in Hollywood mit Marlene zusammen. Er probte mit ihr die Texte, die er am nächsten Tag in seinem ersten amerikanischen Film sprechen sollte – sehr zum Verdruß des Regisseurs Archie Mayo, denn Gabin hielt sich in seiner Unerfahrenheit sklavisch an die Betonung, die Marlene ihm beibrachte. Täglich, so beschwerte sich Mayo, erscheine die Dietrich am Set von ›Moon Tide‹ und ändere mit ihren Sprachübungen die vom Regisseur beabsichtigte Akzentuierung der Textzeilen. Dem FBI wurde die verwegene Behauptung zugetragen, daß die Dietrich Jean Gabin durch die besondere Betonung gewisser Wörter als Medium gebrauche, um der Vichy-Regierung mit diesen Codes geheime Informationen zu übermitteln. Diese Grundidee stammte aus dem 1941 produzierten Film ›International Lady‹; eine schöne Sängerin übermittelt darin mit eigenartigen Gesangsmodulationen geheime Botschaften an den Feind.

The Spoilers (Die Freibeuterin). USA 1942. Regie: Ray Enright; Buch: Lawrence Hazard, Tom Reed nach einem Roman von Rex Beach; Kamera: Miltin Krasner; Bauten: Jack Otterson; Kostüme: Vera West; Musik: Hans J. Salter. Mit Marlene Dietrich (Cherry Malotte), Randolph Scott (Alexander McNamara), John Wayne (Roy Glennister), Margaret (Helen Chester), Harry Carey (Al Dextry), Richard Barthelmess (Bronco Kid Farrell) u. a.

Daß dieser absurden Anschuldigung gegen Marlene überhaupt Glauben geschenkt wurde, zeigt deutlich, welches Klima der Paranoia in kleinbürgerlichen Kreisen der USA gegenüber deutschen Immigranten herrschte.

Im Laufe der FBI-Aktivitäten wurde auch Marlenes Liebesleben einer strengen Prüfung unterzogen. Remarque skizzierte Marlenes Charakter nach den FBI-Unterlagen mit folgendem Satz: »Sie ist zu 90% gut und zu 10% schrecklich dumm.« Jean Gabin sei ihren Nachstellungen erlegen und im Moment, so eine vertrauliche Quelle, »Marlene-ga-ga«.

Nach dreimonatigen Recherchen wurde die Akte im Juli 1942 mit dem Vermerk »Keine Hinweise auf Spionagetätigkeiten von Marlene Dietrich« geschlossen.

Am 7. Dezember 1941 griffen die Japaner überraschend die amerikanische Flotte in Pearl Harbour an. Umgehend erklärten die USA und England Japan den Krieg. Am 11. Dezember übermittelten die mit Japan verbündeten Achsenmächte Italien und Deutschland den USA die Kriegserklärung. Eine Welle des Patriotismus ging durch die USA; in Hollywood wurde das Hollywood Victory Committee gegründet, eine Organisation, die Schauspieler für Auftritte in Militärlagern und für Kampagnen zur Kriegsanleihe vermittelte. Marlene schloß sich diesem Komitee sofort an. Einwände, daß sie doch Verwandte in Deutschland habe, die möglicherweise gefährdet seien, ließ sie nicht gelten.

Vom 24. Januar 1942 bis zum 9. September 1943 zog sie auf einer Werbetournee für Kriegsanleihen durch die Vereinigten Staaten und brachte dem Schatzministerium mehr Geld ein als jeder andere Showstar. Sie sang nicht nur ihre Songs, sondern arbeitete auch ihre Texte selbst aus.

Pittsburgh. USA 1942. Regie: Lewis Seiler; Produktion: Charles K. Feldman; Buch: Kenneth Gamet, Tom Reed nach einer Originalgeschichte von George Owen und Tom Reed; Kamera: Robert de Grasse; Bauten: John B. Goodman; Kostüme: Vera West; Musik: Frank Skinner, Hans J. Salter. Mit Marlene Dietrich (Josie »Hunky« Winters), Randolph Scott (Cash Evans), John Wayne (Charles »Pittsburgh« Markham, aka Charles Ellis), Frank Craven (»Doc« Powers), Louise Allbritton (Shannon Prentiss), Ludwig Stoessel (Dr. Grazlich) u. a.

Marlene Dietrich war stolz auf ihre Leistung und hatte als Filmschauspielerin erstmals das Gefühl, etwas sinnvolles für ihr Land tun zu können. Sie besuchte Hospitäler und sang während einer Tour an der Pazifikküste vor insgesamt mehr als 250 000 Soldaten. Nachdem sie ihr Rollenimage in den Filmen geändert hatte, folgte nun die Variante für ihre persönlichen Auftritte in der Öffentlichkeit; ihr war es überhaupt seit langem zur zweiten Natur geworden, auch den geringsten Anlaß, sich in der Öffentlichkeit zu zeigen, wie einen Auftritt zu inszenieren.

Am 5. Januar 1944 verließ Jean Gabin Amerika, um in Europa auf der Seite des Freien Frankreich zu kämpfen. Marlene, die trotz aller Affären in Jean Gabin ihre große Liebe sah, entschied sich, für die United Service Organization (USO) in Europa die amerikanischen Truppen zu unterhalten. Ihre erste Station sollte Nordafrika werden – dort, wo Gabin stationiert war. Anfang April 1944 flog Marlene vom New Yorker Flughafen La Guardia nach Nordafrika – nicht ohne sich vorher für die Modezeitschrift ›Vogue‹ in einer selbstentworfenen Uniform fotografieren zu lassen. Die Arbeit in Afrika und Europa war hart, erbarmungslos und erfolgreich. In neun Wochen spielte sie in 68 Vorstellungen vor rund 150 000 Männern. In Algier hatte Marlene das Lied ›Lili Marleen‹ gehört und machte es zum festen Bestandteil ihrer Show. Und wie von selbst änderte sich der Titel zu »Lili Marlene«.

Von Nordafrika war Marlene nach Italien gefahren, hatte dort weiter für die Truppen gearbeitet und kehrte im Juni 1944 in die USA zurück. Vor ihrer nächsten Europareise löste sie ihren Haushalt in Los Angeles auf; Teppiche,

Das Hollywood Victory Committee gründete später auch die **Hollywood Canteen**, einen Nachtclub am Sunset Boulevard. Soldaten der Armee bekamen hier ein Essen umsonst, das ihnen von Hollywood-Stars wie Tyrone Power serviert wurde. Als Tanzpartner standen unter anderem Rita Hayworth oder Marlene Dietrich zur Verfügung.

Möbel und auch Juwelen wurden versteigert. Es war, als wollte sie die Brücken nach Hollywood abbrechen.

Auf der zweiten USO-Tour, von September 1944 bis Juli 1945, kam sie nach England, Frankreich und Deutschland. Aus Bergen-Belsen erhielt sie Nachricht über ihre Schwester Elisabeth. Natürlich dachte man zunächst, daß Elisabeth im Konzentrationslager gewesen sei; dies war aber nicht der Fall. Mit ihrem Mann Georg Will hatte sie dort ein Filmkasino für die Wachtruppen des KZ geführt; ihr Mann hatte sie vor 1945 wegen einer anderen Frau verlassen. Frau Will war jetzt allein, ohne alle Mittel und auf die Unterstützung ihres Sohnes angewiesen. Es ist oft darüber spekuliert worden, warum Marlene in späteren Jahren – auch zu Zeiten, als die Schwester noch lebte – deren Existenz verleugnete. Wollte sie Elisabeth wegen ihres Verhaltens in Bergen-Belsen aus ihrem Leben löschen? Sicher nicht, denn von 1945 bis zu Elisabeths Tod 1957 unterstützte Marlene ihre Schwester regelmäßig mit Paketen und Geldüberweisungen. Wahrscheinlicher ist eine Mischung aus verschiedenen Motiven: Die Familie ging nach Marlenes Überzeugung niemanden etwas an. Die Schwester war einige Jahre älter, und so hätte man vielleicht auf Marlenes wahres Alter schließen können. Das mag manchem als Erklärung zu simpel klingen; die Eitelkeit von Schauspielern und Künstlern ernstzunehmen ist aber keineswegs simpel. Elisabeth war darüber hinaus, anders als Marlene, im Umgang mit den Medien völlig unerfahren. Sie selbst wehrte daher jeden Kontakt mit der Presse ab. Elisabeth Will war wahrscheinlich nur eine enttäuschte und letztlich unpolitische Frau, die wie so viele andere ihrem Mann in

> When the Yanks captured Rome, they brought food, freedom and – Marlene.
> *Schlagzeile der ›New York Herald Tribune‹,*
> *13. August 1944*

seinem Berufsleben folgte. War sie vom Nationalsozialismus überzeugt, war sie eine Anhängerin Hitlers? Vielleicht, aber das ist im Grunde nicht wichtig. Entscheidend ist, daß sie nicht wie andere Macht und Mittel anstrebte, um damit Unheil anzurichten.

1945 trat Marlene erstmals wieder in Berlin auf, nahezu unbemerkt von den Berlinern, gefeiert von den Amerikanern. Die Soldaten trampelten bei ihrer Show im Titania-Palast vor Vergnügen, aber aus den puritanischen USA gab es auch Kritik. Sie zeige zu oft ihre Beine, und in einem Showteil gebe sie vor, die Gedanken der Soldaten zu lesen, und kommentiere dann: »Oh, denken Sie an etwas anderes, das kann ich nicht vor allen Leuten sagen.« Die Soldaten fanden das klasse, und so blieb es dabei.

Im September 1945 konnte Marlene ihre Mutter in Berlin das erste Mal nach 13 Jahren wieder in die Arme schließen. Es sollte auch das letzte Mal sein. Zwei Monate später starb Josefine von Losch und wurde auf dem Friedhof in Friedenau beerdigt – jenem Friedhof, auf dem 1992 auch Marlene beigesetzt wurde.

Nach den Schrecken des Krieges, nach der Sorge um und dem Einsatz für die Soldaten schien ihr der Beruf einer Schauspielerin völlig unangemessen. Gab es etwas Sinnloseres? Ihre letzten Filme waren reine Routine gewesen und hatten sie künstlerisch keinen Millimeter vorangebracht. Europa dagegen, auch Deutschland, hatte ihr gutgetan.

So entschied sich Marlene für Paris, um dort mit Jean Gabin zu leben und zu filmen. Und warum sollte sie nicht auch wieder in Deutschland arbeiten? Es standen ihr noch bittere Erfahrungen bevor.

Die amerikanische Armee dachte, ich könnte getötet werden, und stellte zwei Wachleute für mich ab. Aber das war überflüssig. Die Leute staunten mich an. Für sie war ich ein Mädchen aus der Nachbarschaft, das es zu was gebracht hatte. Ich konnte mit den Göttern sprechen. Immer wieder kamen sie zu mir mit ihren Problemen. Und wenn in einem Dorf zu viel Aufregung herrschte, dann schickte mich die Armee vor, um die Bevölkerung zu beruhigen.

Interview in der ›Los Angeles Times‹, 18. Januar 1946

A Foreign Affair

Europa war 1945 im Vergleich zu Amerika eine Wüste – es gab Zerstörungen, Erschütterungen und Leidensgeschichten von unfaßbarem Ausmaß. Dazu kamen Hunger und Kälte, Vertriebene und Flüchtlinge. Marlene hatte den Mangel des Notwendigsten schon vorher bei den amerikanischen Truppen erlebt; aber dort war sie Teil einer großen Gemeinschaft und oft genug auch Teil einer weniger großen Gruppe, der es durchaus besser ging.

In Paris jedoch war Marlene, sieht man von ihrer Lebensgemeinschaft mit Jean Gabin ab, ganz auf sich allein gestellt. Und auch die Liebe zu Gabin wartete mit harten Prüfungen auf. Im September 1945 berichtete Marlene Rudi Sieber, daß Gabin für sich ein Drei-Zimmer-Appartement, für sie beide aber nur eine Zwei-Zimmer-Wohnung gemietet habe. Sie versorgte enge Freunde – Max Kolpe, Margo Lion und natürlich Jean Gabin – mit Care-Paketen. Vorübergehend ging sie wieder nach Berlin, wo sie jeden Tag zwei Shows zu bestreiten

71   Marlene in einer Drehpause von ›A Foreign Affair‹

hatte. Die Stadt lag in Schutt und Asche, und statt der großen Weltuhr stand eine gemalte Uhr vor dem Juweliergeschäft Felsing Unter den Linden. Und die Berliner? »Die Berliner lieben mich, bringen mir von Bildern bis ihre Ration Heringe. Die Sprache klingt vertraut, wenn ich durch die Straßen gehe, nur die Kinder spielen Himmel und Hölle auf dem zerbrochenen Pflaster. Das Marmorhaus steht und spielt, da es im englischen Sektor ist, Charles Laughtons ›Rembrandt‹.« (An Rudi Sieber, 27. September 1945)

In Paris arbeitete währenddessen Jacques Prévert an einem Filmstoff für Marlene und Gabin, den die Dietrich aber ablehnte. In Amerika hatte Remarque sein Buch ›Arc de Triomphe‹ veröffentlicht, das Marlene wahrscheinlich in einer französischen Übersetzung las. In ›Arc de Triomphe‹ hatte Remarque seine Erlebnisse mit Marlene Dietrich verarbeitet und portraitierte sie in der Figur der Joan Madou. »Es ist«, so Marlene an Rudi Sieber, »kein großer Wurf. Seine Frauengestalten sind immer schemenhaft. Ich bin auch viel interessanter als Joan Madou. Weißt Du übrigens, daß mein Rollenname in dem Prévert-Film Malou sein sollte?« (Brief vom 5. Dezember 1945) Der Stoff wurde 1948, sicher zum großen Ärger von Marlene, mit Ingrid Bergman verfilmt.

Die Spannungen mit Jean Gabin erreichten im Dezember 1945 einen vorläufigen Höhepunkt, als er ihr in einem Lokal eine Ohrfeige versetzte. Vieles war hier

72 Gabin in ›Martin Roumagnac‹

> Gabin kennt sich nicht mit der Kameraführung aus, und weil er immer mit großen Regisseuren gearbeitet hat, hat er sich nie darum gekümmert. Aber weil wir so einen lausigen Regisseur haben, schlägt er sich nun mit Kameraproblemen herum und haßt mich, weil ich darüber so viel weiß.
>
> *An Rudi Sieber, Juni 1946*

zusammengekommen; Gabin wollte Kinder haben, Marlene nicht; Gabin war eifersüchtig auf Rudi, der noch in New York lebte und weiß Gott für ihn keine Bedrohung darstellte; sich selbst gönnte Gabin eine Geliebte. Am schlimmsten aber war für Marlene vielleicht, daß Gabin nicht auf sie angewiesen war. Er war ein reicher und gut beschäftigter Schauspieler, während Marlene in Paris, um überhaupt aktiv zu sein, schon ihre Bekannten behäkelte. Die Trennung war unvermeidlich. Aber sie war es ihrem Prestige schuldig, wenigstens einen Film in Europa zu machen. Und so akzeptierte sie eine Rolle in ›Martin Roumagnac‹ – einem Stoff, dessen Rechte Gabin schon längere Zeit besaß und in dessen Verfilmung er nun die männliche Hauptrolle spielte. Leider reichte der Film in keiner Weise an die dramatische Qualität der Beziehung Gabin/Dietrich heran. Er strahlte im Gegenteil eine Atmosphäre gepflegter Langeweile aus. Natürlich waren die Dreharbeiten, nach den Aussagen von Marlene, »die Hölle«, die Kameramänner Amateure und der Regisseur ein Versager auf der ganzen Linie. Schon vor Ende der Dreharbeiten schloß sie einen Vertrag über einen neuen Hollywood-Film unter der Regie von Mitchell Leisen ab, einem fähigen und freundlichen Profi. Hollywood erschien ihr jetzt

Martin Roumagnac. Frankreich 1946. Regie: Georges Lacombe; Produzent: Marc Le Pelletier; Buch: Pierre Very, Georges Lacombe nach einer Geschichte von Pierre René Wolf; Kamera: René Ribault; Kostüme für Marlene Dietrich: Jean Desses; Musik: Marcel Mirouze. Mit Marlene Dietrich (Blanche Ferrand), Jean Gabin (Martin Roumagnac), Margo Lion (Jeanne, Schwester Martins); Marcel Herrand (Konsul) Jean d'Yd (Blanches Onkel), Daniel Gelin (Liebhaber) u. a.

wie ein sicherer Hafen. »Bei der Paramount bin ich zu Hause und kann mich ausruhen von den Strapazen dieses Films.«

Bereits im August 1946 begannen in Hollywood die Aufnahmen für ›Golden Earrings‹, in dem Marlene Dietrich eine Zigeunerin spielte, die einen englischen Agenten vor der Gestapo versteckt. Die Paramount wollte sich zunächst nicht auf ein neues Engagement für Marlene einlassen, aber Mitchell Leisen hatte ein unschlagbares Argument: »Es gibt nur eine Schauspielerin, die unter den dreckigen Kleidern und den schmierigen Haaren verführerisch aussieht« – und das war Marlene. Die Story von ›Golden Earrings‹ ist eher bizarr als spannend. Ein Geheimagent, dargestellt von Ray Milland, entkommt mit seinem Freund der Gestapo, versteckt sich unter Zigeunern und verliebt sich in Lydia, die von Marlene dargestellt wird. Die Ausstatter der Paramount errichteten im Atelier ein Butzenscheiben-Deutschland, in dem die Zigeuner noch kurz vor 1939 frei in ihren Wagen herumfahren konnten; ein Geheimagent flieht in Kniebundhosen auf einem Fahrrad vor der Gestapo, derweil die Zigeuner am Lagerfeuer romantische Lieder singen. Marlene traktiert ihren unfreiwilligen Weggefährten Ray Milland ausdauernd mit den deutschen Worten »Mein Süßer, mein Liebling« und spielt ihre Rolle als abergläubische und attraktive Zigeunerin durchaus überzeugend. Ursprünglich hielt sie die Rolle für interessant, aber im Laufe der Dreharbeiten scheint sie eines Besseren belehrt worden zu sein.

Wenigstens war der Film kein Flop; vier Monate nach seiner Uraufführung im August 1947 hatte er allein in den

Golden Earrings USA 1947. Regie: Mitchell Leisen; Produzent: Harry Tugend; Buch: Abraham Polonsky, Frank Butler, Helen Deutsch nach einem Roman von Yolanda Foldes; Kamera: Daniel L. Frapp; Bauten: Hans Dreier, John Meehan; Kostüme: Mary Kay Dodson; Musik: Victor Young; Song: Victor Young, Jay Livingston, Ray Evans. Mit Ray Milland (Col. Ralph Deniston), Marlene Dietrich (Lydia), Murvyn Vye (Zoltan), Bruce Lester (Byrd), Dennis Hoey (Hoff), Quentin Reynolds (als er selbst), Reinhold Schünzel (Professor Otto Krosigk) u. a.

USA eine Million Dollar über seine Produktionskosten
eingespielt. Als Star und Kassenmagnet war Marlene wieder im Geschäft.

Im Juli 1947 war sie der Stargast des Welt-Film-Festivals
in Brüssel und wurde, wie vor Zeiten, mit einer Polizei-
eskorte empfangen. In Brüssel sah sie ›Paisa‹ und ›Rom,
offene Stadt‹ von Roberto Rossellini und war von diesen
Hauptwerken des italienischen Neorealismus nachhaltig
beeindruckt. Rossellini bereitete den Film ›Deutschland im
Jahre Null‹ vor, und Marlene bot sich an, sein Treatment
ins Englische zu übersetzen. Sie dachte sogar daran, mit
dem italienischen Regisseur einen Film in Amerika zu drehen, aber ihr Agent Charlie Feldman riet dringend davon
ab; Rossellini sei in Amerika völlig unbekannt.

Zur selben Zeit verhandelte Marlene mit Billy Wilder
über den Film ›Operation Candybar‹, der später in ›A
Foreign Affair‹ umbenannt wurde und wie ›Deutschland
im Jahre Null‹ in den Trümmern Berlins angesiedelt war.
Wilder, dessen Karriere noch in der Weimarer Republik
in Berlin begonnen hatte und der im amerikanischen Exil
zu einem gefragten Regisseur avancierte, war als Filmoffi-

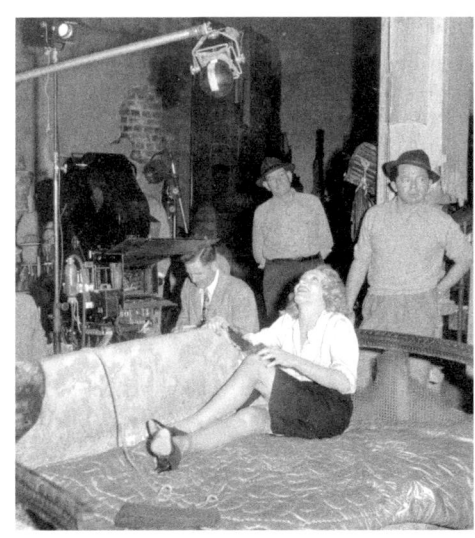

73 Am 27. Dezem-
ber 1947, ihrem
46. Geburtstag, mit
Billy Wilder (rechts)
auf dem Set von
›A Foreign Affair‹

Miss Marlene Dietrich, freiwillige Helferin der United States Service Organizations Camp Shows, leistete verdienstvolle Arbeit zur Unterstützung der militärischen Operationen in Nordafrika, Sizilien und Italien vom 4. April bis zum 16. Juni 1944 sowie in der Neunten Atlantik-Basis und in Europa vom 30. August 1944 bis zum 13. Juli 1945. Dabei absolvierte sie einen dichten Terminplan von Vorführungen unter Kriegsbedingungen, bei schlechtestem Wetter und unter Gefahr ihres Lebens. Obwohl ihre Gesundheit litt, sorgte Miss Dietrich bei über 500 000 amerikanischen Soldaten stets für Freude und Vergnügen. Mit vorbildlicher Energie und Ehrlichkeit trug sie in den Theatern unermeßlich zum Wohl der Truppen bei.

Aus der Begründung zur Verleihung der Medal of Freedom

zier nach Berlin gekommen. Mit seinen Drehbuchautoren Charles Brackett und Richard Breen entwickelte er einen Stoff, in dem eine amerikanische Kongreßabgeordnete Berlin besucht, um die Moral der Truppen zu untersuchen und dabei feststellt, daß einer der amerikanischen Offiziere ein Verhältnis mit der Geliebten einer früheren Nazi-Größe hat. Marlene, mit der Wilder seit dem Frühjahr 1947 seine Pläne erörtert hatte, war allerdings auf keinen Fall bereit, diese Nazi-Frau zu spielen. Erst als ihr erklärt wurde, daß die Person, die sie darstellen sollte, überhaupt keine politische Überzeugung habe und ihr einziges Ziel darin bestehe, unter den gegebenen Umständen so gut wie möglich zu überleben, willigte sie ein, die Rolle zu übernehmen. ›A Foreign Affair‹ wurde einer ihrer besten Nachkriegsfilme.

Von August bis September 1947 drehte Wilder die Außenaufnahmen in Berlin und überredete dann in Paris Mar-

A Foreign Affair. USA 1948. Regie: Billy Wilder; Produzent: Charles Brackett; Buch: Charles Brackett, Billy Wilder, Richard L. Breen nach einer Originalgeschichte von David und Irwin Shaw; Kamera: Charles B. Lang; Bauten: Hans Dreier, Walter Tyler; Kostüme: Edith Head; Musik und Songs: Frederic Hollaender. Mit Jean Arthur (Phoebe Frost), Marlene Dietrich (Erika von Schlütow), John Lund (Captain John Pringle); Millard Mitchell (Col. Rufus J. Plummer), Peter von Zerneck (Hans Otto Birgel) u. a.

74 Jean Arthur in ›A
Foreign Affair‹

lene Dietrich, die Rolle zu übernehmen. Auch die Gage von
110 000 Dollar plus 66 000 Dollar für zusätzlichen Zeitauf-
wand dürfte keine unbedeutende Rolle bei ihrer Entscheidung gespielt haben. In den Paramountstudios wurden
zur selben Zeit zerstörte Häuser und Wohnungen nach-
gebaut, so daß keiner der Schauspieler den Unwägbar-
keiten Nachkriegsberlins ausgesetzt war.

Bevor die Dreharbeiten im Dezember 1947 begannen, erhielt Marlene in der renommierten Militärakademie West
Point aus der Hand des Generals Taylor für ihren Einsatz
im Krieg als erste Frau die *Medal of Freedom*, die höchste
amerikanische Auszeichnung für Zivilpersonen. Selbstbewußt kommentierte sie später die Verleihung als »eine
große Ehre und Freude. Wer etwas geleistet hat, was eine

Johnny: Was ihr Deutschen braucht, ist ein besseres Gewissen.
Erika: Ich habe ein gutes Gewissen. Ich habe jetzt einen neuen
Führer. Dich (Sie hebt den Arm zum Hitlergruß). Heil Johnny.
Dialog aus ›A Foreign Affair‹

Auszeichnung verdient, sollte den Orden stolz und dankbar annehmen.« (›ABC meines Lebens‹)

Für die Zeit der Dreharbeiten von ›A Foreign Affair‹ zog Marlene in Wilders Haus. Beide verstanden sich prächtig; Jean Arthur, die zweite weibliche Hauptdarstellerin, fühlte sich zunehmend unwohl. Jean Arthur und Marlene Dietrich sind im Film Rivalinnen um die Gunst des amerikanischen Offiziers John Pringle; Arthur in der Rolle der Phoebe Frost ist die Zielscheibe von Marlenes unbarmherzigem Spott. Sie beschreibt Frost in einer Szene als »diese komische kleine Frau mit einem Gesicht wie ein frischgeschrubbter Küchenfußboden«. Jean Arthur nahm diese und andere im Drehbuch vorgegebene Sottisen persönlich und machte dem Regisseur das Leben schwer.

›A Foreign Affair‹ ist eine bitterböse Komödie über amerikanische Moralvorstellungen und die Lebenswirklichkeit in Berlin 1946. Er ist fernab von jeder moralisierenden Tendenz, zynisch, sarkastisch, gemein und ungemein komisch. Der Witz beruht auf der Umkehrung landläufiger Vorstellungen. Die amerikanische Kongreßabgeordnete Phoebe Frost ist puritanisch, provinziell und auch etwas begriffsstutzig, während die Deutsche Erika von Schlütow auf sympathische Weise und mit vor Erotik knisternder Intensität alles repräsentiert, was man eigentlich an Deutschland hassen konnte. Sie war eine Nutznießerin und Geliebte der Nazi-Politiker, eine Opportunistin der Liebe und eine gewissenlose Verführerin. Die amerikanischen Filmkreise in Deutschland erwarteten sich von Wilder eine verständnisvolle Komödie über das neue deutsch-amerikanische Verhältnis, aber was sie sahen,

»Berlin und Dietrich sind eins«, hat Wilder einmal gesagt. Dieses Werk, in dem sie ›Black Market‹ singt, ist der filmische Beweis. Es macht viel Spaß, das Knistern zwischen den drei Hauptdarstellern zu beobachten, die weder vor noch hinter der Kamera besonders gut miteinander auskamen. Wilder und Brackett haben diesen Film mit spitzer Feder geschrieben. Lund hat einige der besten Dialoge in Szenen mit Dietrich bekommen. »Ich würde gerne ein Feuer um dich herum anzünden, du Hexe!« Und da

war genau das Gegenteil. Ein Verleih des Films in Deutschland war unmöglich. Aber auch in die amerikanische Kritik, die Wilders Werk und Marlenes Darstellung durchweg lobte, mischten sich Stimmen, die fragten, ob dies wirklich die richtige Art sei, das Verhältnis der beiden Staaten zu verbessern.

75 Mit Friedrich Hollaender

In Billy Wilder hatte Marlene einen Regisseur gefunden, der sich nicht nur ihres Glanzes und ihrer »geheimnisvollen Vergangenheit« bediente, sondern diese Vergangenheit bewußt in die Inszenierung miteinbezog und erstmals aufdeckte. Und wenn dieses Vorleben, wie im Fall der Erika von Schlütow, moralisch mehr als zweifelhaft war, so traf dies nicht nur genau ins Zentrum der Phantasien, die die Zuschauer auf Marlene projizierten, sondern kehrte sie auf der anderen Seite auch noch um. Denn jeder Amerikaner wußte inzwischen, daß Marlene keine Nazi-Geliebte war. Das Engagement von Friedrich Hollaender, der mit den Songs ›Black Market‹ und ›The Ruins of Berlin‹ einen zeitgemäßen musikalischen Rahmen schuf, diente dazu, diese Projektionen subtil zu verstärken. Wie im ›Blauen Engel‹ begleitet er auch hier Marlene am Klavier,

gibt es diesen spritzigen Dialog zwischen Arthur und Lund: »Wieso verstehen Sie soviel von weiblicher Kleidung?« fragt Arthur, als Lund ihr Kleid zurechtrückt. »Meine Mutter trug weibliche Kleidung«, gibt er schnippisch zurück. Der ganze Film strotzt von sexuellem Subtext.
Cameron Crowe, ›Hat es Spaß gemacht, Mr. Wilder?‹, 2000

und seine Band heißt nun statt »Weintraubs« »Hotel Eden Syncopators«. Wilder wußte auch um Marlenes Eigensinn im Studio und überließ ihr in ihren Szenen die Arbeit der Ausleuchtung. Und ihre Kostüme suchte sich Marlene ebenfalls selbst aus. Als Reminiszenz an die Zeit der Truppenbetreuung trug sie in den Songszenen jenes Paillettenkleid, mit dem sie schon während des Krieges in ihren Bühnenshows aufgetreten war. In dieser Atmosphäre gegenseitigen Respekts und Verständnisses spielte sie freier und besser als jemals zuvor.

In ›Jigsaw‹, inszeniert von ihrem langjährigen Freund Fletcher Markle, hat sie einen Kurzauftritt in einem Café mit dem Namen ›The Blue Angel‹. Generell aber hatte sie genug vom Filmgeschäft. Die Erlebnisse im Krieg hatten sie so beeindruckt, daß sie ihre Filmrollen und die Arbeit des Schauspielers überhaupt in Zweifel zog. Nachdem sie sich 1946 über die unprofessionelle Arbeit in Frankreich beklagt hatte, kritisierte sie jetzt, daß man in Amerika der Technik und den Maschinen ausgeliefert sei. Und ganz und gar nicht könne sie nachvollziehen, warum Männer als Schauspieler im Film arbeiten könnten. Immer geschminkt zu werden und kurz mal vor der Kamera zu agieren, sei doch kein Job für Männer. Aber auch im Kino ging es nun mal nicht ohne sie.

Marlene haderte mit ihrem Beruf und trat jetzt öfter in Radio-Shows auf; schon früher hatte sie gelegentlich ihre Filme als Hörspiele aufgeführt. Aber jetzt sprach sie in der ABC-Reihe ›Theatre Guild on the Air‹, und Anfang 1949 wurde die Premiere der Radio-Show ›Madame Bovary‹ mit Claude Rains, Van Heflin und Marlene wie eine

Stage Fright (Die rote Lola). GB 1950. Regie und Produktion: Alfred Hitchcock; Buch: Whitfield Cook nach dem Buch ›Man Running‹ von Selwyn Jepson; Kamera: Wilkie Cooper; Bauten: Terence Verity; Kostüme für Marlene Dietrich: Christian Dior; Kostüme für Jane Wyman: Milo Anderson; Musik: Leighton Lucas; Songs: Marguerite Monot, Louis Louiguy, Cole Porter. Mit Jane Wyman (Eve Gill, aka Doris), Marlene Dietrich (Charlotte Inwood), Michael Wilding (Detektiv Wilfred Smith), Richard Todd (Jonathan Cooper) u. a.

Truffaut: Als ich neulich versuchte, mir diesen Film mit Ihren Augen genau anzuschauen, fiel mir auf, daß man sich nicht genug für die Geschichte interessiert, weil sich im Grunde keine der Personen wirklich in Gefahr befindet.
Hitchcock: Ich habe das gemerkt, ehe der Film abgedreht war, aber zu einem Zeitpunkt, als nichts mehr zu machen war. Weshalb ist keine der Personen wirklich in Gefahr? Weil wir eine Geschichte erzählen, in der die Schurken Angst haben. Das ist die große Schwäche des Films, denn sie verstößt gegen die Hauptregel: Je gelungener der Schurke ist, um so gelungener ist der Film. Das ist die große Hauptregel. Aber in diesem Film war der Schurke nichts. *François Truffaut, ›Mr. Hitchcock, wie haben Sie das gemacht?‹, 1983*

große Filmpremiere aufgezogen. Im Radio verdiente man allerdings nicht so gut wie im Film, und Marlene brauchte Geld, um ihren Lebensstandard zu halten.

In den Filmen nach ›A Foreign Affair‹ trat sie hauptsächlich als eine Schauspielerin auf, die eine Schauspielerin spielte. 1949 und 1950 drehte sie zwei Filme in England, die von amerikanischen Firmen produziert wurden. Unter Alfred Hitchcocks Regie spielte sie in ›Stage Fright‹ eine Sängerin, die im Verdacht steht, einen Mord begangen zu haben. Marlenes Auftritte waren glamourös, und der neue Song ›The Laziest Gal in Town‹, geschrieben von Cole Porter, war perfekt inszeniert, aber der Film selbst war für eine Hitchcock-Regie eher schwach. Und auch die Presse interessierte sich mehr dafür, daß der französische Modeschöpfer Christian Dior für Marlene Dietrich die Kleider entworfen hatte. Der zweite, Ende 1950 in England gedrehte Film, ›No Highway‹ unter der Regie des aus

No Highway (In the Sky) (Die Reise ins Ungewisse). GB 1951. Regie: Henry Koster; Produzent: Louis D. Lighton; Buch: R. C. Sheriff, Oscar Millard, Alec Coppel nach einem Buch von Nevil Shute; Kamera: Georges Perinal; Bauten: C. P. Norman; Kostüme für Marlene Dietrich: Christian Dior. Mit James Stewart (Mr. Honey), Marlene Dietrich (Monica Teasdale), Glynis Johns (Marjorie Corder), Jack Hawkins (Dennis Scott), Ronald Squire (Sir John) u. a.

> Fritz Lang gehörte zur »SADIST INCORPORATED‹. Er haßte meine Verehrung für Josef von Sternberg und versuchte, seinen Platz in meinen Gedanken und meinem Körper einzunehmen. Ich weiß das, weil er es mir sagte. Die teutonische Überheblichkeit, die er an den Tag legte, empörte mich zutiefst. Nur meine Berufsehre schützte mich davor, meine vertraglichen Verpflichtungen abzubrechen.
> *Handschriftliche Notiz aus dem Nachlaß*

Deutschland emigrierten Henry Koster, spielte hauptsächlich in einem Flugzeug. Ein Ingenieur entdeckt während eines Fluges, daß die Maschine nach seinen Berechnungen bald einen Defekt haben und abstürzen wird; in seiner Not wendet er sich an eine mitreisende Schauspielerin. Die Kombination James Stewart und Marlene Dietrich war eigentlich ein Garant für einen wenn nicht künstlerisch interessanten, so doch wenigstens unterhaltsamen Film. Da aber beide die drohende Gefahr hauptsächlich in den Flugzeugsitzen besprechen, erlahmt das Interesse des Zuschauers ziemlich schnell.

Marlene wurde nun zunehmend schwieriger. Ihrem langjährigen Agenten Charles Feldman schrieb sie, daß das Drehbuch von ›Stage Fright‹ absolut schrecklich sei; das Buch zu ›No Highway‹ sei das Schlechteste, was sie je gelesen habe, und eine Zusammenarbeit mit Rosselini habe er auch verhindert. Das Schlimmste aber stand ihr noch bevor. Bereits Ende 1949 hatte sie zugesagt, in dem neuen Film von Fritz Lang, ›Chuck a Luck‹ (späterer Titel ›Rancho Notorious‹), mitzuwirken. Im März 1951 begannen in Hollywood die Dreharbeiten unter der Regie ihres früheren engen Freundes. Der Stoff war, laut Lang, Marlene

Rancho Notorious (Engel der Gejagten, Die Gejagten). USA 1952. Regie: Fritz Lang; Produzent: Howard Welsch, Buch: Daniel Taradash nach der Geschichte ›Gunsight Whitman‹ von Sylvia Richards; Kamera: Hal Mohr; Bauten: Wiard Ihnen; Kostüme für Marlene Dietrich: Don Loper: Musik: Emil Newman; Songs: Ken Darby. Mit Marlene Dietrich (Altar Keane), Arthur Kennedy (Vern Haskell), Mel Ferrer (Frenchy Fairmont), Lloyd Gough (Kinch), Gloria Henry (Beth Forbes) u. a.

Dietrich auf den Leib geschrieben; sie sollte eine etwas alt gewordene, aber immer noch sehr attraktive Saloon-Sängerin spielen. Das Problem war nur, so Lang weiter, daß sie sich bei den Dreharbeiten mit jedem Tag jünger schminkte. Und das paßte ihm natürlich nicht ins Konzept. Als der Film fertig war, sprachen die beiden nicht mehr miteinander. Marlene begann jetzt, ihren Manager Charles Feldman für ihre Situation verantwortlich zu machen, und Feldman war schließlich so entnervt, daß er Marlene anbot, sie aus dem Vertrag mit seiner Agentur zu entlassen. Das wiederum wollte sie nicht. Doch die Ebene der Trübsal war noch nicht durchschritten.

Zur Werbung für ihren neuen Film hatte sich die Produktionsfirma einen besonderen Gag einfallen lassen. Im Hotel Ambassador in Los Angeles arrangierte sie einen Presseempfang zum 21. Jahrestag der Ankunft Marlene Dietrichs in Amerika. Es wurden Ausschnitte aus alten Filmen und aus ›Rancho Notorious‹ gezeigt; die Presse berichtete allerdings mehr oder weniger süffisant darüber, daß von den ehemals 70 Journalisten, die 1930 zu Marlenes Ankunft gekommen waren, nur noch 30 lebten. Und Marlene betonte wieder, daß Hollywood damals eine zauberhafte Stadt gewesen sei. »Heute ist es eine Fabrik.«

Weitgehend unbemerkt von der Öffentlichkeit hatte inzwischen ihre Tochter Maria am 4. Juli 1947 den Ausstatter William Riva geheiratet. Eine vorherige Hochzeit mit dem Schauspieler Dean Goodman hatte nur wenige Wochen gehalten. Am 28. Juni 1948 wurde Marlene Dietrichs erstes Enkelkind, John Michael Riva, geboren. Nun war sie Großmutter. Die Presse fand schnell einen neuen Slo-

»Jeder hier im Raum sieht gerade so aus wie damals«, log Marlene und schaute auf die Gäste, die mit ihr am Tisch saßen. Keiner sieht nach 21 Jahren noch gleich aus, nicht einmal Marlene.
›The Mirror‹, Los Angeles, 5. Mai 1951

gan, um Marlene zu charakterisieren: »Die schönste Großmutter der Welt.« Das ärgerte sie zutiefst. Was ging das
die Presse an? Aber sie fand Wege, auch ihre Existenz als
Großmutter professionell zu vermarkten. Bald erschienen
Artikel, die Marlene mit den Enkeln zeigten – das Ehepaar Riva hatte insgesamt vier Söhne – und beschrieben,
wie sie die Wohnung ihrer Tochter putzte. Hätte Marlene
einen Sohn gehabt, wäre sie vermutlich die Personifizie-
rung einer Alptraum-Schwiegermutter gewesen.

Die Tatsache, daß sie Großmutter war, verdarb Marlene
die Lektüre der Presseausschnitte, die sie seit ihrem ersten
Film in Hollywood in Massen sammelte. Im März 1951 war
sie bei der Oscar-Verleihung in einem engen schwarzen
Kleid aufgetreten, das an der Seite geschlitzt war und ihre
Beine zeigte. Sie übergab den Oscar für den besten aus-
ländischen Film, sie war die Sensation des Abends, aber
die Presse schrieb ganz und gar nicht galant: »Großmutter
Dietrich stiehlt die Show« (›Variety‹, 30. März 1951). Wirklich geehrt fühlte sich Marlene in diesem Jahr nur von der
Aufnahme in die französische Ehrenlegion. In Washington
übergab ihr der französische Botschafter die Medaille. »La
Dietrich«, wie sie schon lange in der französischen Presse
genannt wurde, war nun diesseits und jenseits des Atlan-
tiks für ihren Einsatz im Krieg geehrt und ausgezeichnet
worden. Und wieder einmal wurde sie daran erinnert, wie
sinnvoll ihre Arbeit in den vierziger Jahren gewesen war.
Welche Bedeutung hatten dagegen die Filme, die sie in den
letzten Jahren gedreht hatte? Sie dienten dem reinen Geld-
erwerb, nichts anderem. Nein, sie hatte genug vom Film,
aber was sollte sie statt dessen machen?

In Person

Im Sommer 1953 war Marlene eingeladen, an einer Wohltätigkeitsgala im New Yorker Madison Square Garden teilzunehmen. Die Gala hatte die Form einer Zirkusvorführung, und Marlene setzte durch, daß sie als Conférencière auftreten konnte. Dafür ließ sie sich eine knallrote Frackjacke, schwarze Shorts und Stiefel anfertigen. Ein Chapeau claque und eine Reitpeitsche machten ihr Aussehen perfekt. Statt auf Kamelen zu reiten oder Pferde zu dressieren, ließ sie als Dressurmeisterin die Peitsche knallen. Marlene als Zirkusdirektorin: Das Bild ging wieder um die Welt. Ein Jahr zuvor hatte ihr Freund Ernest Hemingway, den sie 1938 auf einer ihrer zahlreichen Schiffsreisen kennengelernt hatte, im ›Life‹-Magazin eine ›Hommage an Marlene‹ veröffentlicht. Unter anderem schrieb er den später vielzitierten Satz: »Selbst wenn sie nichts als ihre Stimme hätte, könnte sie

76   Als Zirkusdirektor im Hotel Sahara, Las Vegas

Das ist es wahrscheinlich, was sie geheimnisvoll macht: daß eine so schöne und begabte Frau, die tun kann, was sie will, nur tut, was sie für unbedingt wichtig hält, und daß sie so klug und mutig war, die Regeln aufzustellen, die sie befolgt.
›A Tribute to Mamma from Papa Hemingway‹,
in: ›Life‹, 18. August 1952

einem damit das Herz brechen.« Vielleicht ließ sich mit dieser Stimme auch Geld verdienen; bei einer Roadshow für den Film ›Rancho Notorious‹ im März 1952 hatte Marlene unter frenetischem Beifall vier Lieder gesungen; dem Film hatte das zwar nicht geholfen, aber die Presse hatte ausführlich über ihren Auftritt und vor allem über ihr Kleid berichtet, das rund 1500 Dollar gekostet haben sollte.

Schon lange lag der Manager des Sahara-Hotels in Las Vegas Marlene wegen eines Engagements in den Ohren. Sie hatte gezögert, war sich nicht sicher, wie sie bei den Besuchern der Casinos ankommen würde. Ihre Tochter Maria beriet sie: »Stell dir einfach vor, du singst wieder für die Soldaten.« Aber auf die Stimme allein wollte sich Marlene nicht verlassen.

Als sie am 15. Dezember 1953 im Congo-Room des Sahara Hotels auftrat, stockte den Besuchern der Atem. Was sie sahen, war Marlene in einem Kleid, das ihre weiblichen Formen so enthüllend betonte, daß sie sich fragten, ob das Kleid auf den nackten Oberkörper gemalt war. Die amerikanische Schauspielerin Tallulah Bankhead kommentierte sarkastisch: »Ich traf Marlene kurz vor dem ersten Abend, und sie sagte mir, sie hätte nichts anzuziehen! Und stellen Sie sich vor – ich habe ihr nicht geglaubt.« Das Kleid war eine perfekte Mischung aus Enthüllung und Eleganz, Provokation und Glamour, unterstützt durch eine starke Prise Sex. Es war das erste in einer Reihe »nackter Kleider«, die vom Modeschöpfer Jean Louis entworfen wurden. Marlene sang nur zwanzig Minuten, denn das Publikum sollte ja wieder an die Spieltische zurückkehren. Die amerikanische Klatschkolumni-

---

Gute Kostüme waren vor allem in der Anfangszeit meiner »neuen Karriere« überaus wichtig für mich, denn ich wußte nur zu gut, daß mein Singen noch viel zu wünschen übrig ließ.
›Nehmt nur mein Leben‹

Jean Louis arbeitete 1944–1958 als Chef der Kostümabteilung bei Columbia. Berühmt wurde sein Kleid für Rita Hayworth in ›Gilda‹ (USA 1945). Für Marlene Dietrich entwarf Louis neben Showkleidern auch die Kostüme zu ›Monte Carlo Story‹ und ›Judgement at Nuremberg‹.

stin Hedda Hopper, selbst 16 Jahre älter als Marlene Dietrich, giftete: »Dietrich wackelte verhalten und nur in den richtigen Momenten, wenn sie alte Hits sang wie etwa ›What will the boys in the back room have?‹ (übrigens das Lieblingslied meiner Mutter), ›Lili Marlene‹ und ähnliches.« (›Los Angeles Times‹, 18. Dezember 1953)

Für die zwanzig Minuten kassierte sie die stolze Summe von rund 120 000 DM die Woche. Für den Nachtclubbesitzer lohnte sich die Investition, denn die Bilder von Marlene in seinem Club wurden weltweit gedruckt. Mit dem Auftritt in Las Vegas begann Marlene Dietrichs Karriere als Diseuse. Und sie sollte genauso erfolgreich werden wie ihre Filmkarriere.

1952 und 1953 waren finanziell gute Jahre für Marlene. Sie arbeitete im Radio, hatte dort zwei eigene Shows ›Café Istanbul‹ und ›Time for Love‹; sie nahm neue Songs auf und schrieb einen Beitrag für das ›Ladies Home Journal‹. Zwar stieß ihr Artikel ›How to be Loved‹ bei den Frauen, an die er gerichtet war, auf ungeteilte Ablehnung, aber das Honorar von 5000 Dollar tröstete sie über den geringen literarischen Erfolg hinweg. Hinzu kamen lukrative Werbeaufträge für »Rheingold Beer« und »Lux, die Seife der Stars«. Die Werbung versetzte den Film- und Showstar in ein bürgerliches Familienambiente; dem Publikum sollte gezeigt werden, daß eine berühmte Persönlichkeit in ihrem Privatleben ein Mensch war wie du und ich und deshalb eine bestimmte Seifen- oder Biermarke bevorzugte.

77 Entwurf von Jean Louis (Louis Berthault; 1907–1997)

78 Zu Hause mit Marlene und Rheingold Beer

Im Juni 1954 folgte ihr nächster großer Auftritt im Londoner Nachtclub Café de Paris. Diesmal dauerte ihr Programm schon 35 Minuten (und keine Sekunde länger). Sie sang Standards und Lieder aus ihren Filmen, aber wichtiger als die Songs war natürlich die Inszenierung. Jeden Abend wurde sie von einer anderen prominenten Person vorgestellt. Ihr alter Freund Noël Coward eröffnete den Reigen. Coward hatte auch dafür gesorgt, daß Marlene in Joe Davis einen professionellen Lichtdesigner bekam, der von nun an fast alle ihre Shows ausleuchtete. Der Londoner Auftritt war ein noch größerer Erfolg als ihre Vegas-Show und wurde wenig später auch als Platte veröffentlicht. Wo immer sie konnte, lud Marlene ihre berühmten Freunde ein, sie bei einem Konzert dem Publikum vorzustellen. Notwendig war das natürlich nicht; es war Teil der Show, brachte die Redner ins Rampenlicht und Marlene die Weihen hochgeistiger Interpretation. Nebenbei sammelte sie damit auch Material für ihr Programmheft. So sorgte sie geschickt dafür, daß sich Journalisten oder Kritiker in ihrer Berichterstattung an den Interpretationen international anerkannter Kulturgrößen messen mußten.

Und die Schöne Helena erhält
gewiß den Titel der »Miß Welt«,
geht nach Vegas als »Entertainer«.
Doch was immer sie dort tut,
ich bezweifle, daß sie wäre
nur ein Viertel so gut,
wie unsere geliebte, legendäre
Marlene!   (*Übersetzung des Auszugs: Max Kolpe*)

Ab 1955 hatte die Show zwei Teile und dauerte nun bereits vierzig Minuten. Zunächst sang sie im »weiblichen« Kostüm, und nach einem nur wenige Sekunden dauernden Kostümwechsel trat sie in »männlicher« Kleidung auf, im klassischen Frack mit Zylinder. Wie die Songs rekurrierte der Wechsel von weiblicher zu männlicher Kleidung auf die erotischen Grenzüberschreitungen in ihren Filmen und die Tabuverletzungen, die ihrer Karriere so gut getan hatten. Wer allerdings so dumm war, nach dem Grund für den Kleiderwechsel zu fragen, bekam eine typische Marlene-Antwort: In männlicher Kleidung singe sie für die Frauen und in weiblicher eben für die Männer. Keiner hakte nach, warum sie dann in ›Seven Sinners‹ in männlicher Kleidung für die Matrosen gesungen hatte. Nur wenige wagten auszusprechen, daß es auch bei der Kleidung um Sex und Erotik ging.

Die Grundstruktur eines Abends mit Marlene blieb während ihrer gesamten zwanzigjährigen Showkarriere gleich. Sie sang Lieder aus ihren Filmen, Lieder, die sie für Schallplatten aufgenommen, und Lieder, die sie im Krieg gesungen hatte. Zu ihrem Standardrepertoire gehörten das französische ›La vie en rose‹, ›The Boys in the Backroom‹ aus ›Destry Rides Again‹, ›Jonny‹ von Friedrich Hollaender – ein Song, den sie fälschlicherweise immer als ihre erste Plattenaufnahme bezeichnete –, ›Lili Marleen‹ und natürlich ›Lola‹ und ›Falling in Love Again‹, die englischen Versionen der berühmten Stücke aus dem ›Blauen Engel‹. Sie kannte die Erwartungen ihres Publikums und

79 Mit Noël Coward

spielte souverän damit. Weil alle darauf warteten, in welchem sensationellen Kleid sie auftreten würde, begann sie die Show mit dem Song ›Look me Over Closely – Tell me What You See‹. Eine ihrer Standardansagen, die sie von 1954 bis zu ihrer letzten Show beibehielt, war beispielsweise: »Das nächste Lied stammt aus dem Film ›Der blaue Engel‹.« Den Beifall des Publikums unterbrach sie dann mit der Bemerkung: »Nein, das Lied ist es nicht.« Darauf entwickelte sich regelmäßig große Heiterkeit, die Marlene mit den Worten steigerte: »Das singe ich später.« Und ›Ich bin von Kopf bis Fuß auf Liebe eingestellt‹ oder häufiger die englische Fassung ›Falling in Love Again‹ bildete dann den Schlußpunkt ihrer Show. Diese Grundstruktur setzte auf ein Publikum, das ihre Filme und ihre Lieder kannte. Gelegentlich mußte sie auch Texte aus ihrem Programm streichen, weil sie das Erinnerungsvermögen ihres Publikums falsch eingeschätzt hatte. Richard Taubers ›Das Lied ist aus‹ kündigte sie mit dem Text an: »Dies ist ein Lied eines meiner guten Freunde – Richard Tauber!« Als sie merkte, daß ihr Publikum den Namen Taubers vergessen hatte und bei seiner Nennung nur noch spärlich applaudierte, änderte sie den Text. Später nahm sie das Lied ganz aus ihrem Programm. Dies war eine kluge Entscheidung, denn wenn sie auch in den verhaltenen Passagen die Melodie gut beherrschte, so verließ sie sich beim dramatischen Finale des Tauber-Lieds allein auf die Steigerung der Lautstärke, was häufig in ein groteskes Schmettern ausartete.

Die wahre Attraktion des Abends aber waren ihre Auftrittskleider. 1954 erschien sie in Las Vegas in einem Wind-

Marlene vorzustellen, das ist gar nicht erst notwendig. Ich will sie grüßen und danken, daß es sie gibt. Nur selten tritt jemand in die Annalen der Geschichte so ein: gerüstet von Kopf bis Fuß. Wie Kinder, die Reiterspiele machen, ist Marlene zur Legende geworden: rittlings auf einem Stuhl sitzend.

Und wer sie kennt und erleben konnte, wie sie plötzlich unvermutet rittlings auf dem Stuhl sitzt und singt: »Ich bin von

kleid, das bis zur Hüfte eng anlag und fast durchsichtig war. Eine Windmaschine sorgte dafür, daß das feine Gewebe an den Leib gepreßt oder nach hinten geweht wurde, wobei der Körper, nur noch von wenigen durchsichtigen Stoffschichten bedeckt, deutlich zum Vorschein kam. 1955 erschien sie als grün-gelber, exotischer Vogel. Zwei Jahre später, wieder in Las Vegas, versetzte

80   1954 mit dem ›Windkleid‹

sie das Publikum mit einem über und über mit Straßsteinen bestickten Kleid in Staunen. Dazu trug sie erstmals den Schwanenmantel, ein Objekt, das Modegeschichte gemacht hat. Der Presse gegenüber wurden die Straßsteine als Diamanten ausgegeben; Reichtum und Luxus gehörten zu Marlenes Image, und mit dieser Pressemeldung sollte auch deutlich gemacht werden, daß sie zu den wenigen wirklich Reichen der Gesellschaft zählte. An einem Abend trug sie am Körper, was andere nicht in einer Lebensspanne verdienen konnten. 1958 trug Marlene erstmals das berühmte Tasselkleid; »Tasseln« sind kurze Kettchen mit aufgezogenen Glasperlen, an deren einem Ende häufig eine Bommel aus Straß oder Glas baumelt, während das andere Ende mit einem Faden am Kleid befestigt wird. Die Stickerei ließ den oberen Teil der Brust

Kopf bis Fuß auf Liebe eingestellt ...«, der hat die Perfektion an sich erlebt. ... Ich möchte nicht zu lange die Ehre in Anspruch nehmen, über sie zu reden. Weitaus erfreulicher ist es, sie nun zu sehen: Sie, deren Name wie eine Zärtlichkeit beginnt und wie ein Peitschenknall aufhört: Marlene ... Dietrich.
Jean Cocteau, ›Grußwort an Marlene‹, vorgetragen von Jean Marais am 17. August 1954 in Monte Carlo

weitgehend frei, an der unteren Hälfte des Busens baumelten, relativ dicht gesetzt, die Tasseln. Bei jedem Atemzug zitterten die Straßbommeln leicht und begannen im Licht zu funkeln und zu glitzern. Dann sah es aus, als trage Marlene nichts als funkelnde Sterne am Körper. Tasselkleid und Schwanenmantel kombinierte sie später zu ihrem Standard-Auftrittsensemble.

Im Mai 1959 zog Marlene noch einmal für das Sahara Hotel in Las Vegas alle Register ihrer Verführungskunst. In Ergänzung zum Busen bot sie diesmal das, womit sie schon ein Leben lang Furore gemacht hatte – ihre Beine. Zu einem mit schweren, goldgelben Kristallen bestickten Kleid – geschlitzt bis zur Taille – trug sie einen schrillen, kanariengelben Federmantel. Darin wirkte sie wie ein kostbar glitzender, exotischer Vogel. Für europäische Verhältnisse war das Kleid eine groteske Geschmacksverirrung; für Las Vegas war es das richtige.

Neben Jean Louis, der die ausgefallenen Auftrittsensembles entwarf, hatte Marlene einen weiteren Mitarbeiter gefunden, der ihre alten Lieder und angestaubten Arrangements aufpolierte. Burt Bacharach wurde von 1958 bis 1961 ihr musikalischer Leiter und war vermutlich auch dafür verantwortlich, daß sie einige modernere Songs einstudierte.

Zu diesen Liedern gehörte unter anderem auch Pete Seegers Komposition ›Where Have All the Flowers Gone‹ (›Sag mir, wo die Blumen sind‹), die Marlene 1960 aufnahm und mit der sie in Deutschland sogar die Hitparade anführte. Sie nahm das Lied in ihr Showrepertoire auf und sang es, verhalten beginnend und zum bebenden Pathos

Marlene Dietrichs Eröffnungsnacht … war, wie die Presseagenten es ausdrücken würden, superkolossal – wirklich »das Größte«. Letzte Nacht trug sie ein Kleid, das, wie ihr Kostümbildner angibt, mit 227 000 von Hand angenähten Diamantperlen besetzt war und eine Million Nadelstiche sowie sechs Monate Fertigungszeit in Anspruch genommen habe. Darüber trug sie einen gewal-

sich steigernd, mit ›Lili Marleen‹ in ihrer Anti-Kriegs-Sektion.

Mit ihrer Showkarriere hatte sich Marlene von Filmangeboten, von bindenden Verträgen und auch von einfallslosen, tyrannischen und unfähigen Filmregisseuren frei gemacht – bis auf Billy Wilder, Josef von Sternberg und Orson Welles also von allen. Sie war ihr eigener Herr geworden. Erst nach vier Jahren Abstinenz trat sie in einer kurzen Rolle wieder im

81   1959 in ihrer Las-Vegas-Garderobe mit dem gelben Federmantel

Film auf. Von Michael Todd ließ sie sich überreden, in dem Breitwandopus ›Around The World in Eighty Days‹ eine kurze Szene mit ihren Freunden George Raft, Frank Sinatra und David Niven zu spielen. Im Sommer 1956 drehte sie mit Vittorio de Sica in Europa unter der Regie von Sam Wood ›Monte Carlo Story‹ – diesmal in einer Hauptrolle. Die Kostüme stammten von Jean Louis, und das ist schon fast das Beste, was man über diese Produktion sagen kann. ›Monte Carlo Story‹ sollte eine leichte und unterhaltsame Gesellschaftskomödie werden, aber statt hintergründigem Witz und geistreicher Dramaturgie dümpelte der Film in einer Flaute gepflegter Langeweile. Mit der Produktion des Films verband Marlene auch eine

tigen weißen Mantel aus den Brustdaunen von 300 Schwänen. Der Mantel maß vier Meter vom oberen Kragenrand bis zum Ende der Schleppe und war an seiner weitesten Stelle knapp drei Meter breit.

›Fancy Plumage for Marlene‹,
in: ›New York Herald Tribune‹, 15. Februar 1957

eher unangenehme Erinnerung. Als sie das Casino von Monte Carlo in Hosen betreten wollte, wurde sie nicht eingelassen. Natürlich machte sie eine Szene, und natürlich wurde das Ereignis in den bunten Blättern ausführlich besprochen. Das waren Schlagzeilen, die Marlene lieber vermieden hätte. Und warum sie den Film überhaupt gemacht hatte, bleibt ein Rätsel.

›Witness for the Prosecution‹ war der erste Film, den Marlene nach sechsjähriger Abwesenheit wieder in der Filmmetropole Hollywood drehte. Das Kriminaldrama, das Agatha Christie selbst für eines ihrer besten Stücke hielt, war am 16. Dezember 1954 im Theater uraufgeführt worden. Bereits im Juni 1956 stand Marlene Dietrich als Besetzung fest; ihre Zusage für den Film knüpfte sie allerdings an die Bedingung, daß Billy Wilder die Regie übernehmen solle. Es sollte noch ein Jahr ins Land gehen, ehe die Dreharbeiten beginnen konnten. ›Witness for the Prosecution‹ ist ein Film der vielen Ebenen, ein Spiel mit Genreklischees und falschen Erwartungen, unechten Enthüllungen und echter Leidenschaft – und einer wahrhaft überraschenden Schlußpointe, die eine meisterhafte dramaturgische Konstruktion darstellt. Der Trick dieser Konstruktion bestand darin, daß Marlene Dietrich als Ehefrau des eines Mordes angeklagten Leonard Vole (Tyrone Power) eine Doppelrolle hatte, die der Zuschauer aber nicht erkennen durfte. Zwar verriet die Fachzeitschrift ›Hollywood Reporter‹ vorab, daß Marlene in dieser Doppelrolle spielen würde, aber das richtete keinen großen Schaden an. Die Leser studierten die Beiträge über die Filmwirtschaft wahrscheinlich sehr viel aufmerksamer

---

Around the World in Eighty Days (In achtzig Tagen um die Welt). USA 1956. Regie: Michael Anderson; Produzent: Michael Todd; Buch: S.J. Perelman, James Poe, John Farrow nach dem Roman von Jules Verne; Kamera: Lionel Lindon; Bauten: James W. Sullivan, Ken Adams; Musik: Victor Young; Kostüme: Miles White. Mit David Niven (Phileas Fogg), Cantinflas (Passepartout), Robert Newston (Mr. Fix), Shirley MacLaine (Aouda) und vielen anderen Stars

als Ankündigungen neuer Projekte. Im April 1957, nach der Uraufführung von ›Monte Carlo Story‹, beschloß der Produzent Edward Small, erst einige Testaufnahmen mit Marlene Dietrich zu machen; er wollte überprüfen, ob die Zuschauer sie in ihrer Maske identifizieren würden. Die Tests waren, das gab sogar Marlene selbst zu, nicht sehr erfolgversprechend. Deswegen drehte man zur Sicherheit noch eine Szene, in der Marlene zu erkennen war und sich dann eine Perücke aufsetzt. Die Szene ist erhalten geblieben, mußte dann aber doch nicht eingesetzt werden.

Marlene spielt wieder eine mysteriöse Dame, aber ihr Geheimnis wird im Gegensatz zu ihren früheren Filmen nach und nach aufgedeckt. Wie in ›A Foreign Affair‹ eröffnet eine Rückblende den Blick auf ihr früheres Leben; diesmal ist sie eine Sängerin in einer Nachkriegskaschemme, die von alliierten Soldaten besucht wird. Und natürlich bezieht sich Wilder damit nicht nur auf seinen eigenen früheren Marlene-Film, sondern rekurriert sowohl auf die Erinnerung der Zuschauer an ihre großen Hollywood-Filme wie auch auf die gegenwärtige Karriere Marlenes als Showstar. Schon ein halbes Jahr vor Beginn der Dreharbeiten hatte sie ununterbrochen alte deutsche Platten gehört, um ein passendes Lied für die Szene im Nachtlokal zu finden. Daß die Produktion schließlich den durch Hans Albers populär gewordenen Titel ›Auf der Reeperbahn nachts um halb eins‹ auswählte, ist sicher auf Marlenes Einfluß zurückzuführen. Sie schätzte Albers als einen der wenigen deutschen Schauspieler, die zu Zeiten des Dritten Reiches kein Blatt vor den Mund nahmen, und hatte ihn 1945 gemeinsam mit Jean Gabin am Starn-

Monte Carlo Story (Die Monte Carlo Story). USA 1956. Regie und Buch: Samuel A. Taylor; Produzent: Marcello Girosi; Kamera: Giuseppe Rotunno; Bauten: Gastone Medin; Musik: Renzo Rosselini; Marlene Dietrichs Kostüme: Jean Louis. Mit Vittorio de Sica (Graf Dino della Fiaba) Arthur O'Connell (Mr. Hinkley); Natalie Trundy (Jane Hinkley); Jane Rose (Mrs. Freeman) u. a.. Songs: ›Les jeux sont faits (Rien ne va plus)‹ von Michael Emer; ›Back Home in Indiana‹

berger See besucht. Keiner allerdings hatte damit gerechnet, daß die englische Übersetzung des deutschen Textes, ›I may never go home anymore‹, für Marlene später geradezu programmatisch werden sollte.

›Witness for the Prosecution‹ war ein bis in die Nebenrollen und die technischen Mitarbeiter hochkarätig besetzter Film. Neben und gegen Marlene Dietrich spielte Charles Laughton einen brillanten und stark beleibten Verteidiger; Elsa Lanchester, die mit Laughton verheiratet war, hatte die Rolle einer rauhbeinigen Krankenschwester übernommen, und Una O'Connor, mit der sich Marlene bereits in ›Destry Rides Again‹ geprügelt hatte, spielte die Rolle der mißtrauischen Janet MacKenzie. Aus Frankreich engagierte man den Architekten Alexandre Trauner, der später mit Wilder auch an ›Irma La Douce‹ zusammenarbeitete, und Marlene selbst wählte als Kostümdesignerin die Oscar-Preisträgerin Edith Head aus. Als ›Witness for the Prosecution‹ im Januar 1958 uraufgeführt wurde, bemerkte die Presse mit Bewunderung, daß »Marlene Dietrich auch dramatische Rollen spielen kann«, aber der alles überragende Schauspieler blieb Charles Laughton. Unter den fünf Nominierungen für den Golden Globe – dem Preis der Auslandspresse in Hollywood – wurde auch Marlene Dietrich genannt; bei den wenig später bekanntgegebenen Oscar-Nominierungen aber war sie nicht mehr vertreten.

Das Multitalent Orson Welles hatte ihr einige Tips zur Gestaltung der Doppelrolle in ›Witness for the Prosecution‹ gegeben und revanchierte sich damit für einen Gastauftritt in seinem Film ›Touch of Evil‹ (›Im Zeichen

Witness for the Prosecution. USA 1958. Regie: Billy Wilder; Produzent: Arthur Hornblow Jr.; Buch: Billy Wilder, Harry Kurnitz nach dem Theaterstück von A. Christie; Kamera: Russell Harlan; Marlene Dietrichs Kostüme: Edith Head; Bauten: Alexander Trauner; Musik: Matty Malneck; Song: ›I May Never Go Home Anymore‹ von Ralph Arthur Roberts (Musik) and Jack Brooks (Text). Mit Tyrone Power (Leonard Vole), Charles Laughton (Sir Wilfrid Robarts), Elsa Lanchester (Miss Plimsoll), John Williams(Brogan-Moore), Una O'Connor (Janet MacKenzie) u. a.

des Bösen‹). Anfang April 1957 – offiziell war ›Touch of Evil‹ schon abgedreht – rief Welles Marlene Dietrich an und offerierte ihr eine kleine Rolle in seinem Film. Marlene kannte und schätzte Welles schon seit ihren gemeinsamen Auftritten für die Soldaten in Hollywood und sagte spontan zu. Für die Rolle der Tanya, einer Barbesitzerin und Wahrsagerin, besorgte sie sich die Perücke aus ›Golden Earrings‹ und ein

82 Marlene im Kostüm der Cockney-Frau mit Charles Laughton

Kleid aus dem Kostümfundus. So klein ihre Rolle auch war – keiner, der den Film gesehen hat, wird sie jemals vergessen. Mit knapp sechzig Jahren sieht sie aus wie vierzig, hat eine lakonische und abgeklärte Sprache und spricht auch die letzten Worte über den verderbten Kommissar und Freund Quinlan, der in einem Fluß aus Müll versinkt: »He was some kind of man« – lange Pause – »What does it matter what you say about people?« ›Touch of Evil‹ wurde von der Produktionsfirma Universal zunächst als ein zweitklassiger »Sex and Crime«-Film ohne großes Aufsehen gestartet und erntete in den USA nur wenig begeisterte Kritiken. Heute aber gilt der Film als eines der großen Meisterwerke des Genies Orson Welles.

Touch of Evil (Im Zeichen des Bösen). USA 1958. Regie und Buch: Orson Welles, nach dem Roman ›Badge of Evil‹ von Whit Masterson; Produzent: Albert Zugsmith; Kamera: Russell Metty (Photographer); Bauten: Alexander Golitzen, Robert Clatworthy; Musik: Henry Mancini. Mit Charlton Heston (Ramon Miguel »Mike« Vargas), Janet Leigh (Susan Vargas), Orson Welles (Hank Quinlan), Joseph Calleia (Pete Menzies), Akim Tamiroff (»Uncle Joe« Grandi) u. a.

Go Home

Zwei Männer demonstrierten am 3. Mai 1960 vor dem Titania-Palast Berlin mit Schildern, auf denen ein nahezu gleichlautender Text stand: »Marlene go home« und »Marlene, hau ab!«. Marlene Dietrich war drei Tage zuvor in Berlin angekommen und gab ihr erstes Konzert in ihrem Geburtsland seit 1945. Die Tournee stand unter keinem guten Stern; in Wiesbaden brach sie sich einen Arm, in Düsseldorf wurde sie von einer jungen Frau angespuckt; dies Ereignis wurde nur deshalb nicht so bekannt wie die Berliner Minidemonstration, weil gerade kein Fotograf in der Nähe war. Berlin und Düsseldorf waren der traurige Höhepunkt einer nationalen Empörung, die sich während der fünfziger Jahren nach und nach in der Bundesrepublik Deutschland gegen Marlene Dietrich aufgebaut hatte. 1945 war sie wie alle Amerikaner, die mithalfen, Deutschland von Hitler zu befreien, mit offenen Armen aufgenommen worden. Im Vorfeld der geplanten Deutschland-Tournee 1960 aber wurde sie öffentlich beschimpft und beleidigt. Wie war das möglich, und warum richtete sich der Widerwillen gerade gegen Marlene? Was war so wichtig an einer Schauspielerin und einem Showstar, daß ein Teil der Deutschen die Nerven verlor? Was in aller Welt, so fragte sich Marlene, hatte sie nur Schlimmes getan?

83 Titania-Palast, Berlin 1960

Der Wandel kündigte sich bereits Mitte der fünfziger Jahre an. ›Sex-Mumie auf Reisen‹ betitelte eine Zeitschrift einen Artikel über ihre Show in London. »Marlene spricht kein deutsches Wort mehr«, hieß es 1958, als sie auf einem Flug nicht mit dem bayerischen Filmproduzenten Luggi Waldleitner sprechen wollte und ihm einfach entgegnete: »I don't speak German.« Marlene stellte im Film wie im Leben eine selbständige, unabhängige Frau dar, die um ihre erotische Wirkung wußte, sie einsetzte und mit den Männern spielte. Damit war sie das genaue Gegenteil des Frauenideals der Fünfziger. Die großen weiblichen Stars des deutschen Films waren Maria Schell, »das Seelchen«, Ruth Leuwerik, die Dame ohne Unterleib, und Liselotte Pulver, die mechanische Lachpuppe; zwei Stars retteten sich aus der Zeit des Dritten Reiches in die Gegenwart: Marika Rökk, die die Beine nur zum Zweck artistischer Gymnastik entblößte, und Zarah Leander, in deren dunkel gefärbter Stimme Erotisches von der Tragik unentrinnbaren Schicksals überrollt wurde. Das deutsche Kino spielte seinem Publikum vor, was es sehen wollte: eine kleine Welt mit kleinen Sorgen. Heinz Rühmann, der »kleine Mann«, war Deutschlands größter Star. Verführerinnen, Vamps oder *femmes fatales* standen für Gefahr oder gesellschaftlichen Absturz, akzeptabel allenfalls als dramatischer Kontrapunkt.

Marlene stellte das genaue Gegenteil dieser Leitbilder dar. Ihre Show, ihre Lieder und ihre Kostüme bestanden aus purer Erotik, und damit brach sie ein weiteres unausgesprochenes Tabu: Ab vierzig Jahren hatte die Frau ein Neutrum zu sein. Marika Rökk, gerade erst vierzig Jahre, galt in den Worten des Nachrichtenmagazins ›Der

Als ich vor vier Monaten in Paris auftrat, bettelten die deutschen Konzertmanager geradezu darum, mich unter Vertrag zu nehmen. Sie boten mir eine Garantiesumme von 4000 Dollar pro Auftritt – das ist sogar mehr als ich in Las Vegas bekommen habe. Ich nahm also an, daß man mich in Deutschland sehen wollte.

Art Buchwald, ›D-Day for Marlene‹,
in: ›New York Herald Tribune‹, 9. April 1960

Spiegel‹ als Ahnfrau des deutschen Films. Marlene war knapp sechzig, als sie in Deutschland auftrat. Ein Teil der deutschen Öffentlichkeit bestand darauf, daß er andere moralische und ästhetische Standards pflegte als der Rest der Welt. Schließlich mußte man sich nicht mehr verstecken, und das Wirtschaftswunder hatte oberflächlich die Wunden des verlorenen Krieges überdeckt.

Neben dem offenkundigen Sexualneid und dem sauren Geruch moralischer Heuchelei, an dem man sich angesichts des »Vamps« berauschte, erinnerte Marlene auch an das, was man im Dritten Reich verloren hatte. Anstand, Mut und Toleranz, die Kraft zum Widerstand – diese ganzen Defizite der Vergangenheit waren unter den Teppich des wirtschaftlichen Wohlstands gekehrt worden. Wer wie Marlene Dietrich in Deutschland aufgewachsen war und sich im Ausland gegen Hitler engagiert hatte, war in der Bundesrepublik nicht sehr willkommen. Den Leserbriefen der bundesrepublikanischen Presse zu »dem Fall« Marlene Dietrich war auch zu entnehmen, daß die Deutschen die eigentlichen Opfer des Krieges und des Dritten Reiches waren. Sie hatten Hunger und Not gelitten. Das stimmte sicher, aber war weitaus weniger als die halbe Wahrheit. Denn die Opfer, die Millionen der von den deutschen Nazis Ermordeten, spielten in dieser Argumentation keine Rolle. Man beklagte lieber sein eigenes in der Vergangenheit erlittenes Los, das sich um so herrlicher als Lebensprüfung ausgeben ließ, je besser es einem momentan ging. Marlene dagegen, so die verbreitete Meinung, hatte es sich in Amerika gutgehen lassen und dann die amerikanischen Soldaten in ihrem Kampf gegen

84 Englische Karikatur von Emmwood, in ›Daily Mail‹, 30. September 1965. Im Papierkorb: Deutsche sagen Nein zu Marlene – Namensschild: Leiter der Öffentlichkeitsarbeit

Deutschland unterstützt. Für die meisten war dies Landesverrat. Die Auszeichnungen, die Marlene Dietrich von den Amerikanern und den Franzosen bekommen hatte, waren Orden des Feindes. Und das Bild, das Marlene Dietrich bei der Parade zum 10. Jahrestag der Befreiung in Paris zeigte, wurde zum Beleg für den Verrat gedeutet.

Es gab auch andere, besonnene Stimmen wie die von Friedrich Luft oder von Hans Habe. Willy Brandt empfing Marlene im Schöneberger Rathaus, die seriösen Kritiker besprachen die Auftritte Marlenes in Deutschland enthusiastisch. Aber sie alle blieben publizistisch in der Minderheit. Die Gegner tönten lauter und bestätigten damit das Bild vom »unverbesserlichen Deutschen«. Mit Marlenes Besuch in Deutschland 1960 zeigte sich deutlich, daß die Ressentiments des Dritten Reiches noch lange nicht aus den Gehirnen gewichen waren. Und wann immer sich Gelegenheit bot, wurde die Legende der Vaterlandsverräterin wieder aufgewärmt. Als Marlene 1966 eine Reklameserie für die englische Fluglinie BOAC aufnahm, kolportierte man, daß diese Aufnahmen in der BRD nicht gezeigt wurden. Sie würden eher gegen die Fluglinie werben.

1966 veröffentlichte die französische Zeitschrift ›Le nouveau candide‹ ein Interview, in dem Marlene ihrem Zorn über den Empfang in der Bundesrepublik freien Lauf ließ. Dies wiederum bildete Stoff für neue Angriffe. Marlene und Deutschland – das war eine schier unendliche Geschichte, die auch heute gelegentlich noch aufflackert. Jetzt bläst solchen Äußerungen sofort die Empörung der Medien entgegen – auch jener übrigens, die seinerzeit das Forum der Unverbesserlichen gewesen waren.

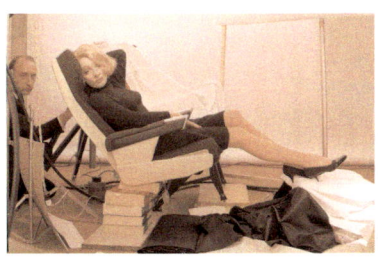

85   Bei den Fotoarbeiten zur Reklame für die englische Fluggesellschaft BOAC

Marlene stand dem Haß, der ihr entgegenschlug, unvorbereitet gegenüber. Sie wollte die Deutschland-Tournee nicht abbrechen, aber sie wollte das auch nicht ein zweites Mal erleben. »Ich bin keine Masochistin«, antwortete sie schwedischen Journalisten, die sie 1971 zu Plänen für eine neue Deutschland-Tournee befragten. Immerhin, beim Abschlußkonzert im Deutschen Theater in München erhielt sie an die sechzig Schlußvorhänge. Sie nahm den ostentativen Beifall des Publikums auf Tonband auf und ließ daraus eine Platte pressen, die sie jenen Besuchern vorspielte, die sie zu ihrem prekären Verhältnis zu Deutschland befragen wollten. Damit war das Thema für sie »offiziell« erledigt – aber innerlich kochte sie weiter vor Wut.

Nur wenige wußten, daß Marlene im Mai 1960 in den Tonstudios von Berlin-Lankwitz eine Platte mit Songs aus ihren deutschen Konzerten aufgenommen hatte, in die der Beifall aus München eingemischt wurde, um den Eindruck einer Live-Aufnahme zu vermitteln (›Wiedersehen mit Marlene. Marlene Dietrich in Deutschland‹. Electrola E 83 220, 1962). Das Thema Deutschland sollte Marlene nicht mehr loslassen. Gegen ihren Willen war sie zu einer politischen Person geworden; bei ihrer Israel-Tournee im Juni 1960 wurde sie demonstrativ auch dafür gefeiert, daß sie sich gegen Hitler gewandt hatte. Als sie 1964 in Warschau ein Konzert gab, verhandelten Manager der DDR mit ihr über einen Auftritt im Friedrichstadtpalast. Vorher hatte man sich über die DDR-Vertretung in London vergewissert, daß Marlene immer noch »antifaschistisch« sei. Letztendlich scheiterte der Versuch eines Engagements.

Lieber Genosse Hager, … Aus dem Gespräch [unserer Handelsvertretung in Großbritannien] geht hervor, daß sich Marlene Dietrich nach wie vor mit aller Entschiedenheit gegen faschistische Bestrebungen wendet und von sich aus bereit ist, nichts zu tun, was zu den grundsätzlichen Auffassungen unserer Republik über die Lage in Deutschland in Widerspruch steht.
Auszug aus einem Brief von Dieter Heinze, Stellvertretender Abteilungsleiter Kultur an Kurt Hager, Minister für Kultur, 5. Februar 1965

Mit einer Gruppe internationaler Stars drehte sie 1961 den Film ›Judgment at Nuremberg‹ nach einer Vorlage von Abby Mann. In dem Film geht es nicht so sehr um die Schilderung der Nazi-Verbrechen, sondern um die Frage nach der individuellen Schuld. Marlene spielt Frau Berthold, die Witwe eines aristokratischen Offiziers, der von den Amerikanern gehängt worden war; gegenüber dem amerikanischen Richter (Spencer Tracy), der sich bemüht, die deutsche

86 Mit dem Regisseur Stanley Kramer (links) und Spencer Tracy bei den Dreharbeiten zu ›Judgment at Nuremberg‹

Mentalität zu verstehen, bestreitet sie, jemals von den Verbrechen der Nazis gewußt zu haben, und behauptet dies auch für ihren Mann. Marlene ist kontratypisch besetzt, denn jeder wußte natürlich, daß dies ihrer persönlichen Ansicht nicht entsprach. Um so überzeugender wirkt sie in dieser vergleichsweise kleinen, aber sehr prägnanten Rolle. In einer Sequenz geht sie mit Spencer Tracy durch die Straßen der Stadt, und aus einem Wirtshaus klingen die Strophen von ›Lili Marleen‹. Marlene übersetzt das Lied ins Englische und erklärt, wie schön die deutsche Sprache sei. Das wiederum entsprach voll und ganz ihrer Überzeugung. Der über drei Stunden

Judgment at Nuremberg (Das Urteil von Nürnberg). USA 1961. Regie, Produktion: Stanley Kramer; Buch: Abby Mann, nach seiner Originalgeschichte; Kamera: Ernest Laszlo; Bauten: Rudolph Sternad; Musik: Ernest Gold; Marlene Dietrichs Kostüme: Jean Louis. Mit Spencer Tracy (Richter Dan Haywood), Burt Lancaster (Ernst Janning); Richard Widmark (Colonel Tad Lawson); Maximilian Schell (Hans Rolfe), Judy Garland (Irene Hoffman), Montgomery Clift (Rudolf Peterson) u. a. Song: ›Lili Marleen‹ von Norbert Schultze (Musik) und Hans Leip (Text)

dauernde Film wurde in der Berliner Kongreßhalle uraufgeführt und erntete in Deutschland nur verhalten positive Kritiken. Viele der in dem Film mitwirkenden Stars
kamen zur Uraufführung nach Berlin; Marlene jedoch
sparte sich aus nachvollziehbaren Gründen einen erneu-
ten Auftritt in ihrer Heimatstadt. In den USA war ›Judgment at Nuremberg‹ im Gegensatz zu Deutschland ein
großer Erfolg und brachte Maximilian Schell und dem
Drehbuchautor Abby Mann einen Oscar ein.

1962 sprach Marlene in ihrem für lange Zeit letzten
Film den Kommentar zu dem Dokumentarfilm ›Black Fox.
The True Story of Adolf Hitler‹. Der Film verband die Geschichte von Reineke Fuchs mit dem Aufstieg von Adolf
Hitler und montierte Werke der Kunst wie ›Guernica‹
von Pablo Picasso oder Dorés Holzschnitte zu Dantes ›In-
ferno‹ mit Dokumentarfilm-Material der dreißiger und
vierziger Jahre. Die guten Absichten des Regisseurs standen im Gegensatz zu seiner durchaus mäßigen Gestal-
tungskraft. Die Mitglieder der Academy of Motion Pictures votierten dennoch für ›The Black Fox‹ als den
besten Dokumentarfilm des Jahres 1963 und zeichneten
ihn mit einem Oscar aus.

Marlene konzentrierte sich nun vollständig auf ihre
Showkarriere. 1964 erschien sie noch in einer kurzen Szene
im Film ›Paris When it Sizzles‹; aber diese Sequenz illu-
striert nur die Phantasie eines Drehbuchautors. Weil die
Szene so unbedeutend war, erlaubte sich Marlene auch
einen kleinen Insider-Witz. Sie steigt in Paris aus einem
Rolls Royce, um das Geschäft von Christian Dior zu betreten – und trägt dabei ein Kostüm des Dior-Rivalen Ba-

**Paris When It Sizzles (›Zu-
sammen in Paris‹)**. USA 1964.
Regie, Produktion: Richard
Quine; Buch: George Axelrod
nach der Geschichte ›La fête à
Henriette‹ von Julien Duvivier
und Henry Jeanson; Kamera:
Charles Lang Jr., Claude Re-
noir; Bauten: Jean d'Eaubonne;
Musik: Nelson Riddle. Mit Wil-
liam Holden (Richard Benson),
Audrey Hepburn (Gabrielle
Simpson), Noël Coward (Alex-
ander Meyerheimer), Tony
Curtis (Polizist) u. a.

lenciaga. In den Stabangaben des Films wird das Kleid diplomatisch Christian Dior zugeschrieben.

Bis 1975 tourte Marlene mit ihrer Show durch die Welt und trat in Japan wie in Australien, in Südafrika, in Rußland und Lateinamerika mit ihren Evergreens und einigen neu einstudierten Titeln auf. Ihr Erfolg und ihre Einnahmen waren gigantisch, ihre Ausgaben bedeutend. Die Auftrittskostüme ließ sie doppelt anfertigen und schickte eine Ausfertigung immer zum übernächsten Auftrittsort. Sie gründete die Firma Marlene Dietrich Inc., über die sie von nun an alle Geschäfte abwickelte. Gelegentlich waren einige ihrer neuen Songs auch in den Hitparaden zu finden, und dem neuen Medium Fernsehen zollte sie jetzt ebenfalls ihren Tribut. Lange hatte sie sich gegen Fernsehaufnahmen gesperrt, denn wer Marlene Dietrich sehen wollte, der sollte auch für Marlene Dietrich zahlen. Aber das neue Medium war zu mächtig geworden. 1963 zeigte das Schwedische Fernsehen ihre Stockholm-Show, 1965 zeichnete das australische Fernsehen eine Show unter dem Titel ›The Magic of Marlene‹ auf. Für beide Sendungen, noch in Schwarzweiß, galt die Vereinbarung, daß die Rechte nach der Ausstrahlung zu gleichen Teilen bei Marlene wie auch beim Fernsehen verblieben. Eine Wiederholung war also nur mit ihrer Zustimmung möglich. Und die gab sie offensichtlich nicht, denn beide Aufzeichnungen blieben so gut wie unbekannt.

1972 entschloß sich Marlene, ihre Show durch die BBC in Farbe aufzeichnen zu lassen. Am 23. und 24. November wurde ihr Auftritt im New London Theatre mit Burt Bacharach als Dirigent und Arrangeur aufgenommen und

Black Fox. USA 1962. Regie, Produktion, Buch: Louis Clyde Stoumen; Musik: Ezra Laderman; Kommentatorenstimme: Marlene Dietrich

I Wish You Love. GB 1972. Regie: Clark Jones; Produzent: Alexander H. Cohen; Orchesterarrangements: Burt Bacharach; Dirigent: Stan Freeman; Beleuchtung: Joe Davis; Marlene Dietrichs Kostüme: Jean Louis

am 1. Januar 1973 im britischen Fernsehen ausgestrahlt. Von dieser Sendung gibt es zwei nahezu identische Versionen. Und sieht man alle drei Auftritte – aus Schweden, Australien und aus England – nebeneinander, so kann nur ein ausgewiesener Experte die kaum sichtbaren Differenzen ausmachen. Marlenes Show änderte sich einfach nicht.

Ihr Programm richtete sie ganz nach dem von ihr sehr eigenwillig interpretierten Verlauf ihrer Karriere aus. Doch je länger sie auf Tournee war, desto ferner lagen auch die Ereignisse zurück, von denen sie ihrem Publikum erzählte. Zum Schluß ähnelte ihre Show einer Geisterbeschwörung, einem alptraumhaften Spuk, in dem das ehemals erfolgreiche Ritual der Vergewisserung vergangener Sensationen schal und abgestanden wirkte. Jeder im Publikum und auch sie selbst wußten es ja: Neue, andere Erfolge oder auch nur ähnliche konnten nicht mehr folgen. Als ein Star war sie aus dem Pantheon der Filmgötter gekommen, als Engel der Verführung war sie dem Publikum erschienen. Jetzt aber, mit siebzig Jahren und mehr, war auch ihre Zeit der ewigen Jugend abgelaufen. Sie wollte es nicht wahrhaben, aber das Alter forderte seinen Tribut. Es war ein schmerzhafter, langer Abschied. Bei einem Auftritt in Washington im November 1973 reichte sie wie üblich dem Dirigenten im Orchestergraben die Hand; der wollte es ihr leichter machen und hatte sich auf einen Klavierstuhl gestellt. Der Klavierstuhl kippte um, und Marlene schlitzte sich beim Sturz den Oberschenkel auf. Im August 1974 brach sie sich in ihrer Wohnung in Paris die Hüfte, setzte aber gegen den Rat ihrer Ärzte die Welttournee fort.

Marlene

Ihr Leben lang war sie gereist, hatte für sich und andere gesorgt, hatte mehr kommandiert als debattiert; sie war eine Frau, die keinen Widerspruch duldete und selbst voller Widersprüche war. Sprach sie mit einem Bewunderer, ach, dann war es nur ein Fan; aber wer sie nicht bewunderte, der war einfach ignorant – enge Freunde ausgenommen, aber auch die nicht immer. Die Freunde wurden auch weniger: 1973 war Noël Coward gestorben, 1975 nach langer Krankeit Tamara Matul. Nicht, daß sie diese Todesfälle sehr berührt hätten, aber es waren doch unzweideutige Zeichen ihrer eigenen Sterblichkeit. Marlene betäubte diese Tatsache mit Alkohol. 1976 kam es noch schlimmer: Ihr Ehemann Rudi und ihr Wunsch-Ehemann Jean Gabin wurden zu Grabe getragen. Marlene war nicht dabei, das ersparte sie sich. Noch mehr Alkohol verdrängte die Gespenster. 1978 geschah das Unglaubliche: Marlene trat wieder in einem Film auf. Sie mußte Geld verdienen, und hier bot sich eine gute Gelegenheit. Der deutsche Filmemacher und Produzent Rolf Thiele hatte es geschafft, Marlene für viel Geld zu einem Kurzauftritt zu bewegen, in dem sie das Lied ›Schöner Gigolo, armer Gigolo‹ singt und etwas Bein zeigt. Der Film verschwand bald

87 ›Schöner Gigolo, armer Gigolo‹. Wie häßlich kann man noch werden?, kommentiert Marlene

nach seiner Uraufführung aus den Kinos und ist heute selbst als Video nicht mehr zu bekommen. Die wenigsten werden das als Manko empfinden.

Am 13. März 1979 erschienen ihre Memoiren ›Nehmt nur mein Leben‹. Über lange Zeit hatte Marlene sich, den Verlag und vor allem ihren alten Freund Max Kolpe mit der Arbeit des Schreibens gequält. Dem Verlag war es zu kurz und unausgesprochen auch zu wenig ergiebig geraten; statt aber den Umfang mit konkreteren Erinnerungen aufzufüllen, fügte Marlene das hinzu, was sie schon immer am liebsten publiziert hatte. Sie beantwortete Fragen, die ihr vielleicht mal gestellt worden waren, deren Beantwortung aber niemanden so recht interessierte. So zum Beispiel: »Wie würden Sie einen Gentleman beschreiben?« oder »Warum tragen so viele Frauen einen Hüfthalter?«. Das Buch war nicht schlecht, es war sogar in seinem Understatement auf unterhaltsame Weise intelligent. Aber es entsprach nicht den Erwartungen an die Memoiren einer Hollywood-Legende. Marlene hatte das Manuskript in englisch geschrieben; ihr alter Weggefährte Max Kolpe in München übersetzte es und wurde dafür von ihr beschimpft und mit tausend Verwünschungen belegt. Kolpe ertrug dieses wie auch die Beschimpfungen der folgenden Jahre mit stoischer Ruhe und wurde zu einem ihrer letzten Verbindungsmänner nach Deutschland; wenn sie Geld brauchte – Kolpe lieh es ihr; wenn sie ein Interview geben wollte, um Geld zu verdienen – Kolpe vermittelte. Wenn sie Kostüme verkaufen wollte, weil ihr erneut das Geld ausgegangen war – Kolpe schaffte es. Andere, die ihr großherzig und uneigennützig Geld zu-

Schöner Gigolo – armer Gigolo. Deutschland 1977/ 1978. Produktion: Leguan Film; Regie: David Hemmings; Buch: Joshua Sinclair; Kamera: Charly Steinberger; Bauten: Peter Rothe; Musik: Günter Fischer; Kostüme: Ingrid Zoré, Max Mago. Mit David Bowie (Paul von Pryzgodski), Sidney Rome (Cilly), Kim Novak (Helga), David Hemmings (Hermann Kraft), Maria Schell (Mutti), Curd Jürgens (Prinz), Marlene Dietrich (Baroness von Semering). Song von Casucci (Musik) und Cäsar (Text)

kommen ließen wie etwa Johannes Mario Simmel, versetzte sie in tausend Schrecken. Sie behauptete einfach, das Geld sei nie angekommen. Zurück kam es aber auch nicht.

1979 stürzte sie ein letztes Mal in ihrer Pariser Wohnung und entschied sich, sie nie mehr zu verlassen. Sie konnte nicht mehr laufen, und so, wie sie nun war, sollte sie keiner außerhalb ihrer engsten Familie zu Gesicht bekommen. Marlene wurde nun immer seltsamer und eigenwilliger.

Mit ihrer selbstgewählten Isolation in Paris wurde Marlene auch dadurch zur Legende, daß man sie nicht sprechen, nicht besuchen, nicht von Angesicht sehen konnte. Bestimmt war sie keine tragische Gestalt; keinesfalls gebrochen und jederzeit egozentrisch. Marlene war nicht mittellos. Sie hatte das Urheberrecht an ihren Memoiren behalten, und für jede neue Ausgabe mußte auch neu bezahlt werden. Die deutsche Fassung wurde ins Französische übersetzt, die französische ins Englische – was bei dem englischen Manuskript ja eigentlich nicht nötig gewesen wäre – und die englische erschien in einer Rückübersetzung mit einem neuen Titel, in anderen Worten und mit dem gleichen Inhalt wieder auf deutsch. Nur die Originalfassung ist nie erschienen. Dieses Karussell konnte sich nicht ewig drehen. Wieder drückten Geldsorgen.

Dafür mußte sie anbieten und verkaufen, was sie eigentlich nicht wollte: ihre Lebensgeschichte. Fernsehanstalten und Journalisten hatten immer wieder nach dem »großen« Interview gefragt und waren natürlich abge-

> Dieser Aufguß trieft von allen Klischees. Junger Vaterlandsverteidiger kommt im Weltkrieg I zu spät. Er taucht in die unruhige, lasterhafte, zappelige Welt der zwanziger Jahre. Tango und Hunger wie gehabt. Tanz neben Leichen. Seiden-Sodom und Glitzer-Gomorrha. ... Marlene hat ihren Auftritt. Sie kommandiert die Gigolos der Stadt, spricht hier mit synchronisierter Stimme, das immer noch schöne, alte Gesicht im gnädigen Schatten eines gewaltigen Hutes. Dann hört man ihre Stimme, original, aber auf englisch, das Gigolo-Lied singen. Die weht uns an wie die Parodie ihrer selbst
>
> *Friedrich Luft: ›Marlene kommandiert die Tangojünglinge‹, in: ›Die Welt‹, Berlin, 18.11.1978*

wiesen worden. Das Problem bestand darin, daß sie ihre Lebensgeschichte verkaufen und sie gleichzeitig aber auf keinen Fall erzählen wollte. Aber hatte sie das nicht mit ihrer Autobiographie schon vorexerziert? Warum sollte es ihr nicht noch ein zweites Mal gelingen?

Seit 1980 verhandelte der in München ansässige Dokumentarfilmproduzent Karel Dirka mit Marlene Dietrich über das Projekt eines Films über ihr Leben. Marlene hatte die Idee, einen von ihr vorgegebenen Kommentar sprechen zu lassen und durch Szenen aus ihren Filmen zu illustrieren. Das sollte ein Fernsehfilm, ein Feature werden, für das man nach ihrer Meinung keinen Regisseur, sondern nur einen guten Schnittmeister engagieren mußte. Dirka bestand aber auf einer Regie und schlug als erstes Volker Schlöndorff vor. Schlöndorff entwickelte ein Manuskript, das Marlene aber mit der Bemerkung »Alles Quatsch« durchstrich und postwendend ablehnte. Dennoch wurde im Mai 1981 ein erster Vertrag abgeschlossen.

Dirka brachte weitere Namen wie Peter Bogdanovich, Werner Schroeter oder Billy Wilder ins Gespräch. Bis auf Wilder lehnte Marlene alle Vorschläge ab; Wilder, so Marlene an Dirka, würde er nie bekommen. Um sicherzugehen, schrieb sie gleich an ihren alten Freund in Hollywood, Dirka sei ein Dilettant und Wilder solle auf keinen Fall auf Offerten antworten. Damit war auch diese Gefahr gebannt.

Noch immer dachte Marlene an ein Fernsehfeature und schlug nun Maximilian Schell als Sprecher des Kommen-

So spreche ich nicht! Alles falsch – Lächerlich! – Quatsch – Das ist doch furchtbar – Wie schrecklich kann man es noch machen – Schlechtes Deutsch – Wo war denn das? Bitte lerne Geschichte!!! – Das ist der grösste Quatsch – Das interessiert niemanden heute – Unverständlich – So etwas Falsches – Irrsinn – Alles erfunden – Solch ein Durcheinander – Gartenlaube-Stil – Am Anfang versuchte ich zu korrigieren – aber gab dann auf – Solch einen Quatsch habe ich schon lange nicht gelesen - Ein heller Irrsinn
Anmerkungen von Marlene Dietrich
zu Script-Entwürfen von ›Marlene‹

tars vor; Dirka nutzte sofort die Gelegenheit und engagierte Schell als Regisseur. Damit hatte Marlene nicht gerechnet und mußte nun notgedrungen zustimmen. Am
28. September 1982 begann das Gespräch zwischen Schell
und Marlene in ihrer Pariser Wohnung. Von Anfang an
bestimmt ein Mißverständnis die Atmosphäre. Marlene
dachte immer noch an ein Fernsehfeature, Schell aber
wollte ein vernünftiges Gespräch führen. Darauf hatte
sich Marlene auch vertraglich verpflichtet, und sie versuchte nun beides: den Vertrag nicht zu verletzen, ihn
aber auch nicht zu erfüllen. Konnte sie Schells Fragen
nicht mehr ausweichen, berief sie sich mit einem Mal auf
ihr Buch. Da stünde alles drin, darauf habe der Verlag ein
Copyright, und deswegen dürfe sie jetzt nicht antworten.
Das war zwar falsch, aber darüber konnte man auch
nicht diskutieren. Am 5. Oktober wurde das Interview
abgebrochen, weil Marlene das Projekt offensichtlich, so
die Produktion, torpedierte. Dirka war zwar ein kluger
Produzent, aber Marlene war er nicht gewachsen. Sie teil-
te Dirka mit, wann sie für weitere Interviews zur Verfügung stehe. Gleichzeitig forderte sie wieder ein Manuskript. Das gab es natürlich nicht, denn das Ganze war
ein Interview; das Team erneut nach Paris zu schaffen
und und nochmals unverrichteter Dinge abzufahren, war
Dirka zu teuer. Daraufhin klagte Marlene auf Erfüllung
des Vertrages – es ging um 50 000 Dollar – und gewann.
  Im Juni 1983 fand die erste interne Vorführung des von
Schell geschnittenen Films statt. Marlene war außer sich,
daß der Film doch entstand, und nannte Schell in Briefen
an andere eine narzißtische Pest, eine Primadonna und ei-

Ich bin zu Tode fotografiert
worden.
*Begründung der Dietrich
gegenüber Maximilian
Schell, warum sie
in ›Marlene‹ nicht
gezeigt werden dürfte*

nen selbstverliebten Gecken; sie hob sich sogar – vermutlich für spätere juristische Auseinandersetzungen – einen Ausschnitt aus der Münchner ›Abendzeitung‹ auf: ›Warum wir nicht mit Schell filmen‹. Auf den Berliner Filmfestspielen 1984 hatte ›Marlene‹ schließlich Premiere. Die ersten Reaktionen waren verhalten: Auch hier erfuhr man ja nichts wirklich Neues über die Karriere der Marlene Dietrich. Schell war es aber gelungen, ihren harten Panzer aus Selbstinszenierung, Ablehnung, Verdrehung von Tatsachen und manchmal auch überraschend genauer Erinnerung an einigen Punkten zu durchbrechen. Er traf ihre schwachen Punkte, die durch die ständige Zufuhr von Alkohol offenlagen, und konnte so auch eine andere, eine weichere Marlene zeigen. Diese Momente des unerwarteten Zulassens und Zugebens geben dem Film die Spannung aufblitzender, ungeschützter Wahrheit; und der Kampf zwischen Marlene und Schell um und gegen den Film bildet eine andere, ebenso spannende Ebene, von der aus der Zuschauer sich wieder fragen muß, ob das, was er als ungeschützte Wahrheit empfindet, nicht doch eine List, ein meisterhafter Trick aus dem Fundus der Schauspielerei sein könnte. ›Marlene‹ ist kein mildes Alterswerk, kein flauer Abklatsch früherer Schönheit oder Kunstfertigkeit – es ist ein Abschluß, widersprüchlich und wehrhaft, traurig und sentimental, radikal uneinsichtig und verweigernd vor allem dem gegenüber, was unvermeidlich als Absicht des Interviews durchscheint: der großen Lebensbilanz, des unwiderruflichen Endes. Eben dem, was Marlene mit den Worten deklassierte: Dieser ganze Quatsch.

Marlene. BRD/USA 1982–1984.
Regie: Maximilian Schell; Produktion: Bayerischer Rundfunk, Oko-Filmproduktion; Kamera: Ivan Slapeta, Pavel Hispler, Henry Hauck; Ton: Norbert Lill, Milan Bor; Schnitt: Heidi Genée, Dagmar Hirtz; Herstellungsleitung: Peter Genée

Nach dem Film, der nicht verlorenen Schlacht, wurde es still um sie. Gelegentlich gab sie noch Interviews (für 10 000 DM), ließ auf Auktionen einen Teil ihres Schmucks verkaufen oder sprach einige vorbereitete Texte für Fernsehshows und Platten. Marlene verließ ihre Wohnung nicht mehr, aber sie las und telefonierte und häufte ganz nebenbei eine Sammlung von Tabletten und Pharmaka an, die auf Außenstehende, hätte es sie denn gegeben, wie ein Lager für Lebensmüde wirken mußte.

Je einsamer sie geworden war, um so mehr sah sie sich als Zentrum, um das die Menschheit, ihr Publikum, ihre Welt kreiste. In einem Interview, das ein französischer Sender mit ihr zum Fall der Mauer führte, kommentierte sie, wie wunderbar es ist, daß die Berliner nun auf die Mauer klettern und ihre Lieder singen. Natürlich sang kein Mensch ihre Lieder und möglicherweise entsprang ihr Wunsch, in Berlin beerdigt zu werden, auch nur diesem grotesken Mißverständnis. Welt-Wirklichkeit und Wahrnehmungs-Wirklichkeit waren bei Marlene immer schon weit voneinander entfernt gewesen. Nach einem Schlaganfall am 6. Mai 1992 verließ sie ihre Welt. Und noch im Tod wußte sie, was die Medien über sie schreiben würden. Das Exklusivrecht über ihren letzten Auftritt hatte sie schon Jahre zuvor verkauft.

EINSAMKEIT

WER JETZT KEIN
HAUS HAT
BAUT SICH KEINES
MEHR,
WER JETZT ALLEIN IST
WIRD ES LANGE BLEIBEN
WIRD SCHLAFEN, WACHEN
LANGE BRIEFE
SCHREIBEN
UND EINSAM GEHEN
HIN UND HER
IN DEN ALLEEN
WO DIE BLÄTTER
TREIBEN
(RILKE)

88 »Eines meiner Lieblingsgedichte«. Rainer Maria Rilkes ›Herbsttag‹ – die letzte Strophe aus der Erinnerung zitiert in der Handschrift von Marlene Dietrich

Epilog

Es war eine große Zeit für die Boulevardpresse. Gab es Fotos der Wohnung und der alten Marlene? Ja, es gab sie, aber sie waren schon exklusiv vergeben. Die Beerdigung sollte in Berlin stattfinden. In Berlin war man äußerst überrascht. Am 16. Mai 1992, einem blendend schönen Frühsommertag, fuhr der Leichenwagen von Charlottenburg nach Friedenau. Entlang der Route des Leichenwagens nahmen die Berliner ihre Blumen, die sie gerade gekauft hatten, und warfen sie auf den Sarg. So erwiesen sie ihrer berühmten Mitbürgerin die letzte Referenz, denn auf dem kleinen Friedhof waren nur die engsten Verwandten und Freunde der Familie zugelassen.

Der Grabstein trug die Inschrift: »Hier steh' ich an den Marken meiner Tage« eine Zeile aus dem Gedicht »Abschied vom Leben« von Theodor Körner.

Abschied vom Leben
Als ich schwer verwundet und hülflos in einem Holze
lag und zu sterben meinte.
Die Wunde brennt; – die bleichen Lippen beben. –
Ich fühl's an meines Herzes matterm Schlage,
Hier steh' ich an den Marken meiner Tage –
Gott, wie du willst! dir hab' ich mich ergeben. –
Viel goldne Bilder sah ich um mich schweben;
Das schöne Traumbild wird zur Totenklage
Mut! Mut! – Was ich so treu im Herzen trage,
Das muß ja doch dort ewig mit mir leben! –
Und was ich hier als Heiligtum erkannte,
Wofür ich rasch und jugendlich entbrannte,
Ob ich's nun Freiheit, ob ich's Liebe nannte:
Als lichten Seraph seh' ich's vor mir stehen; –
Und wie die Sinne langsam mir vergehen,
Trägt mich ein Hauch zu morgenroten Höhen.

Theodor Körner (1791–1813), in:
Gesammelte Werke, Bd. 1, Gedichte, Berlin 1891

Ruhig wurde es um Marlene aber nicht. Die Biographie ihrer Tochter Maria Riva erregte im Herbst 1992 die Gemüter. Alles, was Marlene in ihrem Buch nicht erzählt hatte, und vieles mehr veröffentlichte Maria Riva in »Meine Mutter Marlene«. Durfte man so über seine Mutter schreiben?

Es zeigte sich, daß das Buch der Ikone, dem Mythos Marlene keinen Schaden zufügte. Es breitete das Innenleben der Familie aus, die mit und von Marlene gelebt, von ihr profitiert und unter ihr gelitten hatte. Wer den Star gekannt hatte, wußte auch, daß sie eine durchaus widersprüchliche Persönlichkeit war – mit vielen bewundernswerten, aber auch unangenehmen Facetten. Kaum jemand hatte bislang gewagt, darüber zu schreiben. Aber ein solches Buch mußte kommen, und so, wie ihre Tochter

89 Berliner nehmen Abschied von Marlene. Foto: Jean Pierre Plisson

darüber berichtete, nahm sie allen prospektiven Skandalbüchern den Wind aus den Segeln.

Jahrelang hatten sich nicht nur Journalisten und Biographen um einen Zugang zu Marlene bemüht. Viele Archive hatten versucht, ihre Sammlung zu bekommen – allerdings wußte niemand, woraus ihre Sammlung überhaupt bestand. Als ein Museum sie unter anderem nach Kostümen aus ihren Filmen fragte, antwortete sie erbost, daß Kostüme doch immer Eigentum der Filmproduktion blieben. Hätte sie Kostüme, dann könnte sie die nur gestohlen haben. Und außerdem habe sie überhaupt nichts aufgehoben. Es stellte sich heraus, daß dies wieder einmal eine sehr eigenwillige Interpretation der Fakten war.

Über die Jahrzehnte hatte Marlene in verschiedenen Lagerhäusern und Wohnungen eine Sammlung angehäuft, die in ihrem Umfang einmalig war. Die Lagerkosten hatte sie nicht bezahlt; sie gehörten zu den »Nebenkosten« ihrer Lebensführung, die sie als unverschämte Zumutung empfand. Also zahlte die Tochter und führte alles im Auktionshaus Sotheby's zusammen. Auf über 120 Quadratmetern waren bei Sotheby's rund 4000 Textilien, 300 000 Blatt Papier, 80 Koffer, 12 000 Fotos, Möbel, Schmuck, Platten und vieles andere mehr gestapelt. Die Familie bot das Archiv dem Land Berlin an. Ullrich Roloff-Momin, seinerzeit Kultursenator von Berlin, reagierte für einen Politiker ungewöhnlich schnell. Hier war die einmalige Möglichkeit, das getrübte Verhältnis zwischen Berlin und Marlene wieder ins Lot zu bringen. Nach relativ kurzen Verhandlungen war der Vertrag perfekt: Für fünf Millio-

Die Wirkung der Künstlerin gemahnt an die der Zauberpuppe des persischen Märchens, an die Zimmerer, Schneider, Maler, Brahmanen und noch etliche Handwerksmeister geschaffen haben; sie streiten sich um ihren Besitz, sie kommen vor den Kadi und der will in ihr seine verlorene Gattin wiederfinden. Marlene Dietrich … verkörpert immer einen allgemeinen Wunschtraum, sie ist wie die Heldin einer ihrer Filme die Frau, nach der man sich sehnt, man, nicht der und jener, sondern jeder, das Volk, die Welt, die Zeit.

Franz Hessel, ›Marlene Dietrich‹, Berlin 1931

nen Dollar, nach damaligem Kurs acht Millionen Mark, wurde der Nachlaß 1993 angekauft und der Stiftung Deutsche Kinemathek, dem jetzigen Filmmuseum Berlin, übergeben. Und damit wurde Berlin wieder die Stadt Marlene Dietrichs.

Die Spannungen wurden weniger. Ein Platz auf dem Areal des neuen Potsdamer Platzes wurde nach Marlene Dietrich benannt. Rechtsradikale Gruppierungen versuchten – und werden dies vermutlich auch weiterhin tun –, sich mit Haßtiraden gegen Marlene Dietrich öffentlich zu profilieren. Aber sie finden kein Echo mehr.

Inzwischen gibt es in Berlin Stadtführungen zu den Orten, die mit Marlene Dietrich verbunden sind. Ein Spielfilm wurde produziert, der mit großem Aplomb an seinem Thema scheiterte, weil er aus dem Stoff ein simples Historienspektakel machte. Ein Musical im Renaissance Theater mit Judy Winter in der Hauptrolle erwies sich als Dauererfolg.

Worin aber besteht, nachdem man jetzt so viel mehr weiß über sie, nachdem so viele Artikel und Bücher über sie erschienen sind, der Mythos Marlene Dietrich? Eine schlüssige Antwort auf diese Frage gibt es nicht. Der Mythos ist ein Rätsel, und wäre dieses Räsel lösbar, so gäbe es auch den Mythos nicht.

Zeittafel

1901   27.12.: Geburt von Marie Magdalene Dietrich. Eltern: Louis Erich Otto Dietrich und Elisabeth Josefine geb. Felsing

1908   Tod des Vaters; bis 1919 Schulbesuch in Berlin, Dessau und Mittenwald

1918   Tod des Stiefvaters Eduard von Losch

1919–1921 Internat in Weimar

1922   Erste Theaterrollen in den Kammerspielen und im Großen Schauspielhaus; erste Filmrollen u. a. in ›Tragödie der Liebe‹ von Joe May

1923   17.5.: Heirat mit Rudolf Sieber (1897–1976)

1924   13.12.: Geburt der Tochter Maria

1928   Erste Plattenveröffentlichungen mit Songs aus der Revue ›Es liegt in der Luft‹

1929   Hauptrolle neben Fritz Kortner in ›Die Frau, nach der man sich sehnt‹ (Regie: Kurt Bernhardt)

1930   Februar: Engagement durch das Berliner Büro der Paramount
1.4. Uraufführung des ›Blauen Engel‹ im Gloria-Palast; Abfahrt nach Amerika
14.11.: Premiere ihres ersten amerikanischen Films ›Morocco‹ (Regie: Josef von Sternberg)
Dezember bis April 1931: Letzter Besuch in Berlin vor 1945. Marlene nimmt ihre Tochter Maria mit nach Hollywood

1931   Erste Bücher in Deutschland über den neuen Weltstar von Manfred Georg und Franz Hessel

1933   Reise nach Europa; kein Besuch in Deutschland

1935   Nach sieben Filmen Trennung von ihrem Regisseur Josef von Sternberg

1937   Beantragt die amerikanische Staatsbürgerschaft; als Frenchy in dem Western ›Destry Rides Again‹

1944/45 Auftritte vor amerikanischen Soldaten in Europa als Teil der offiziellen Truppenbetreuung

1945   6.11.: Tod der Mutter

1947   Für ihren Einsatz im 2. Weltkrieg erhält Marlene die»Medal of freedom«, die höchste militärische Auszeichnung für Zivilpersonen.

1948   Als Erika von Schlütow in Billy Wilders Berlin-Film ›A Foreign Affair‹

1950   Als Charlotte Ingwood in Alfred Hitchcocks ›Stage Fright‹

1951   Wird zum Mitglied der französischen Ehrenlegion ernannt

1953   Auftritt im Hotel Sahara, Las Vegas

1954   Auftritt im ›Cafe de Paris‹ in London

1958   Mit Charles Laughton in Billy Wilders ›Zeugin der Anklage‹

1960   Während einer Gastspielreise durch Europa erster Auftritt vor deutschem Publikum nach dem Krieg; bis 1975 weitere Gastspielreisen durch England, Amerika, Israel, Polen, UdSSR, Lateinamerika, Australien, Japan und Frankreich

1961   Mit Spencer Tracy in ›Urteil von Nürnberg‹

1963   Erste Buchveröffentlichung ›ABC meines Lebens‹

1972   Aufnahme der Fernsehshow ›I Wish You Love‹ in London

1975   Letzte Gastspielreise; Rückzug in die Pariser Wohnung

1978   Letzter Filmauftritt in ›Schöner Gigolo – armer Gigolo‹

1979   Autobiographie ›Nehmt nur mein Leben‹

1984   Biographischer Film ›Marlene‹ von Maximilian Schell

1992   6.5.: Tod in Paris. 16. Mai: Beerdigung in Berlin

1993   24.10.: Übergabe des Nachlasses durch Maria Riva an das Land Berlin und die Stiftung Deutsche Kinemathek (heute: Filmmuseum Berlin)

Bibliographie

Von Marlene Dietrich
Nehmt nur mein Leben … Reflexionen. München 1979. Unter dem Titel:
Ich bin, Gott sei Dank, Berlinerin. Berlin 1987
Marlene Dietrich's ABC. New York 1962. Revised Edition, New York 1984

Deutsch unter dem Titel: *ABC meines Lebens.* 1963
Vogue par Marlène Dietrich. Paris 1973

Über Marlene Dietrich:
Aros: *Marlene Dietrich.* Berlin 1932

Bach, Steven: *Marlene Dietrich. Life and Legend.* New York 1992; dt.: *Marlene Dietrich. Die Legende. Das Leben.* Düsseldorf,Wien, New York, Moskau 1993; TB: *Marlene Dietrich. Die Wahrheit über mich gehört mir.* München 2000

Bemmann, Helga: *Marlene Dietrich. Ihr Weg zum Chanson.* Unter dem Titel: *Im Frack zum Ruhm. Ein Porträt.* Leipzig 2000

Bosquet, Alain: *Marlène Dietrich. Un amour par téléphone.* Paris 1992

Bozon, Louis: *Marlène. La femme de ma vie.* Paris 1992

Bret, David: *Marlene my friend.* London 1993, 2000

Bruscolini, Elisabetta (Hrsg.): *Marlene Dietrich.* Rom: Palazzo delle Esposizioni, 1996. (›Cinema‹, Nr. 3, 1996)

Cahill, Marie: *Marlene Dietrich. A Hollywood Portrait.* London 1992

Cineteca D. W. Griffith (Hrsg.): *Rassegna cinematografica retrospettiva »Della Diva e dell'Attrice' omaggio a Marlene Dietrich.* Genua 1995

DelGaudio, Sybil: *Dressing the Part. Sternberg, Dietrich, and Costume.* Rutherford u. a. 1993

Dickens, Homer: *The Films of Marlene Dietrich.* New York 1968, 1992

Droz, René: *Marlene Dietrich und die Psychologie des Vamps.* Zürich 1961

Frewin, Leslie: *Blond Venus. A Life of Marlene Dietrich.* London 1955. Zahlreiche überarbeitete Auflagen, auch unter dem Titel: *Dietrich. The Story of a Star;* dt.: *Marlene Dietrich. Ihre Filme – ihr Leben.* München 1979, 1984, 1992

Fuld, Werner; Schneider, Thomas F. (Hrsg.): *Sag mir, daß Du mich liebst. Erich Maria Remarque – Marlene Dietrich. Zeugnisse einer Leidenschaft.* Köln 2001

Georg, Manfred: *Marlene Dietrich. Eine Eroberung der Welt in sechs Monaten.* Berlin 1931

Goethe Institut München (Hrsg.): *Marlene Dietrich. Eine Legende in Bildern.* München 1998 (nicht im Buchhandel)

Goethe Institut Rom (Hrsg.): *Marlene Dietrich.* Rom 1996

Griffith, Richard: *Marlene Dietrich. Image and Legend.* New York 1959

Hampton, John: *Les plus belles Histoires Amour de Hollywood. Marlene Dietrich.* Paris 1981

Hanut, Eryk: *I Wish You Love. Conversations with Marlene Dietrich.* Berkeley 1996

Heinzlmeier, Adolf: *Marlene. Die Biografie.* Hamburg/Wien 2000

Hessel, Franz: *Marlene Dietrich.* Berlin 1931 (Neuausgabe mit einem Nachwort von Manfred Flügge. Berlin 1992; frz. Ausgabe mit einem Vorwort von Stéphane Hessel, Paris 1997)

Higham, Charles: *Marlene. The Life of Marlene Dietrich.* New York 1977 dt.: *Marlene. Ein Leben – ein Mythos.* Reinbek 1978

Hofmann, Barbara: *Marlene Dietrich. Die Privatsammlung.* Frankfurt 1993

Jacob-Philipp, Margot (Hrsg): *Adieu Marlene.* Berlin 1992

Kobal, John: *Marlene Dietrich.* London 1968

Kranova, Garena: *Marlene Dietrich.* Moskau 1985

Kreutzer, Hermann; Runge, Manuela: *Ein Koffer in Berlin. Marlene Dietrich – Geschichten von Liebe und Politik.* Berlin 2001

Kunst- und Ausstellungshalle der Bundesrepublik Deutschland (Hrsg.): *Marlene Dietrich.* Bonn 1995; Frankfurt 1998 (nicht im Buchhandel)

Laserre, Jean: *La vie brulante de Marlène Dietrich.* Paris 1931

Liberman, Alexander: *Marlene: An Intimate Photographic Memoir.* New York 1992

Marlene Dietrich. Portraits 1926–1960. München 1984

Marlene Dietrich. Il Volo dell'Angelo. La Collezione Marlene Dietrich di Berlino. Progetti Museali Editore. Rom 1996 (nicht im Buchhandel)

Marlene Dietrich. Serie ›apropos‹. Mit einem Essay von Lars Jacob. Frankfurt am Main 2000

Martin, Wednesday K.: *Marlene Dietrich (Lives of Notable Gay Men and Lesbians).* New York u. a. 1995

Mentele, Richard: *Auf Liebe eingestellt. Marlene Dietrich's schöne Kunst.* Bensheim, Düsseldorf 1993

Mollica, Vincenzo: *Marlene Dietrich & Betty Boop.* Montepulciano 1985

Morley, Sheridan: *Marlene Dietrich.* London 1976, New York 1977; dt.: Frankfurt 1977; als TB: Frankfurt 1979

Naudet, Jean Jaques; Riva, Maria und Peter: *Marlene Dietrich. Photographs, Memories.* New York 2001; dt.: Berlin 2001

Navacelle, Thierry de: *Sublime Marlene.* Paris 1982; dt.: Berlin 1987

Nils, Ricardo: *Marlene 1901–1992.* Stuttgart 1992

Noa, Wolfgang: *Marlene Dietrich.* Berlin (DDR) 1966, 1975

O'Connor, Patrick: *Marlene Dietrich. Style*

and Substance. London 1991; unter
dem Titel The Amazing Blonde
Woman. Dietrichs Own Style, New
York 1992; dt.: Marlene Dietrich.
Der blonde Engel. München 1991
Ostrowski, Fred (Hrsg.): Adieu Marlene.
Nachruf aus Deutschland. Nienburg
1992
Petru, Constantin: Marlene Dietrich
Realität. Die letzten Jahre in Paris.
Hamburg 1993
Riva, Maria: Marlene Dietrich by her Dau-
ghter. New York 1992; dt.: Meine
Mutter Marlene. München 1992, 2000
Salbe, Linde: Marlene Dietrich. Reinbek 2001
Sanders-Brahms, Helma: Marlene und Jo.
Recherche einer Leidenschaft. Berlin
2000
Schulz, Berndt: Marlene. Die Biographie
einer Legende. 1901–1992. Bergisch-
Gladbach 1992
Seydel, Renate: Marlene Dietrich. Berlin
1984, 2000
Silver, Charles: Marlene Dietrich. New
York 1974
Spoto, Donald: Falling In Love Again.
Boston, Toronto 1985
ders: Blue Angel. The Life of Marlene Diet-
rich. New York 1992; dt.: München
1992, 2000
Sternberg, Josef von: Fun in a Chinese
Laundry. New York 1965; dt.: Das
Blau des Engels. München 1991
Sudendorf, Werner (Hrsg.): Marlene Die-
trich. Dokumente/Essays/Filme/ Tl. 1,
Tl. 2. München 1977 und 1978.
Gekürzt und aktualisiert als TB:
Frankfurt/Main u. a. 1980
Studlar, Gaylyn: In the Realm of Pleasure.
Von Sternberg, Dietrich and the Ma-
sochistic Aesthetic. Urbana 1988;
New York 1992.
Walker, Alexander: Dietrich. New York,
London 1984; London 1999
Weth, Georg A.: Ick will wat Feinet. Das
Marlene Dietrich Kochbuch. Berlin
2001

Ulrike Wiebrecht: Blauer Engel aus Berlin.
Marlene Dietrich. Berlin 2001
Zucker, Carole: The Idea of the Image. Josef
von Sternberg's Dietrich Films.
Rutherford u. a. 1988

Literarische Adaptionen
Baxt, George: The Marlene Dietrich Murder
Case. New York 1993; dt.: Mordfall
Marlene Dietrich. München 1997
Hands, Terry: Sag mir, wo die Blumen sind.
Berlin 1993
Raulwing, Jutta: Der General, Marlene
Dietrich und ich. Berlin 1997
Rinke, Moritz: Der graue Engel. Ein Mono-
log zu zweit. Berlin 1995
Wyatt, Rachel: The Day Marlene Dietrich
Died. Lantzville 1996

Zu einzelnen Filmen
The Blue Angel. A Film by Josef von Stern-
berg. An authorised translation of
the German Continuity. New York,
London 1968, 1973
L'Ange bleu. Paris 1992
Dirscherl, Luise; Nickel, Gunter (Hrsg.):
Der blaue Engel. Die Drehbuchent-
würfe. (›Zuckmayer-Schriften‹,
Band 4) St. Ingbert 2000
Wißkirchen, Hans (Hrsg): Mein Kopf und
die Beine der Marlene Dietrich. Hein-
rich Manns Professor Unrat und Der
blaue Engel. Lübeck 1996
Morocco/Shanghai Express. Two Films by
Josef von Sternberg. London, New
York 1973
Baxter, Peter: Just Watch! Sternberg, Para-
mount and America. London 1993
Pfannenschmidt, Christian; Joseph Vils-
maier: Marlene. Der Film (hg. v.
Alfred Holighaus) Hamburg /
Wien 2000

Internet
www.marlene.com. Die offizielle Marlene-
Seite, mit einem regelmäßig erschei-
nenden Newsletter

Bildnachweis, Danksagung

Filmmuseum Berlin – Marlene Dietrich
Collection: 1–8, 13–16, 19, 20, 22, 25, 28,
36–50, 52–82, 84–88 / Sammlung Hasso
Felsing: 24 / Filmmuseum Berlin, Foto-
archiv: 9–12, 17, 18, 21, 23, 26, 27, 29–35,
51, 89 / Sammlung Heinz Köster: 83 /
Der F. W. Murnau Stiftung, Wiesbaden
danken wir für die Genehmigung zum
Abdruck der Fotos 17, 26, 27, 33–35

Nicht in allen Fällen konnten die Rechteinha-
ber festgestellt werden. Wir bitten, eventuelle
Rechtsnachfolger, sich beim Filmmuseum
Berlin zu melden.
    Dank an Bernd Eichhorn, Silke Ronneburg,
Barbara Schröter, Wolfgang Theis, Gerlinde
Waz und die Bibliothek des Filmmuseums
Berlin. Hans-Otto Eckler aus Weimar ver-
danke ich das Tagebuch von Priska Aich.

Register

dtv portrait

Herausgegeben von Martin Sulzer-Reichel
Originalausgaben

Biographien bedeutender Frauen und Männer aus Geschichte, Literatur, Philosophie, Kunst und Musik